人文社科
高校学术研究论著丛刊

幼儿教师专业发展研究

孙一鸣 孔礼美 腾庶铨 著

图书在版编目(CIP)数据

幼儿教师专业发展研究 / 孙一鸣，孔礼美，腾庶铨著. -- 北京：中国书籍出版社，2021.8

ISBN 978-7-5068-8684-0

Ⅰ. ①幼…　Ⅱ. ①孙… ②孔… ③腾…　Ⅲ. ①幼教人员一师资培养一研究　Ⅳ. ①G615

中国版本图书馆 CIP 数据核字(2021)第 182366 号

幼儿教师专业发展研究

孙一鸣　孔礼美　腾庶铨　著

丛书策划　谭　鹏　武　斌
责任编辑　于　震
责任印制　孙马飞　马　芝
封面设计　东方美迪
出版发行　中国书籍出版社
地　　址　北京市丰台区三路居路 97 号(邮编：100073)
电　　话　(010)52257143(总编室)　　(010)52257140(发行部)
电子邮箱　eo@chinabp.com.cn
经　　销　全国新华书店
印　　厂　三河市德贤弘印务有限公司
开　　本　710 毫米×1000 毫米　1/16
字　　数　165 千字
印　　张　10
版　　次　2022 年 7 月第 1 版
印　　次　2022 年 7 月第 1 次印刷
书　　号　ISBN 978-7-5068-8684-0
定　　价　72.00 元

目　录

第一章　了解职业:教师职业概述

幼儿园是幼儿教师开启职业发展的重要场所,幼儿园里的一点一滴都对幼儿教师个人工作的开展,个人及群体的专业发展发挥着至关重要的作用。幼儿园对社会的意义与价值也决定着幼儿教师的职业特点,规范着幼儿教师从业的要求,影响着社会对幼儿教师的职业角色和职业定位。本章即对教师职业的相关知识进行简要研究。

第一节　教师职业的性质

一、教师职业是一种专业职业

(一)教师职业具有专业化的一切特征

国际上职业的专业化有六大标准(图 1-1)。对照这些标准,教师职业应具有以下几个鲜明特征(图 1-2)。可见,教师是一种专业职业,它具有专业化的一切特征。这个职业具有不可替代性。

(二)必须提高我国教师的专业化水平

对照职业专业化标准,我国教师专业发育还不成熟,这主要表现在以下几个方面:

第一,我国教师的专业知识和专业能力从整体来看不够强。

第二,教师比较依赖专家以及教育行政部门的指令等,缺乏自主权。

第三,教师、学生、家长很少参与决策,教育民主化不够。

第四,很少组织学术讨论等专业活动,缺少专业团体。

第五,目前的教师职业还没有成为公众仰望的一种职业。

由以上分析可知,我国教师的职业发展必须通过改革来加快教师的职业化进程,从而提高我国教师的专业化水平。

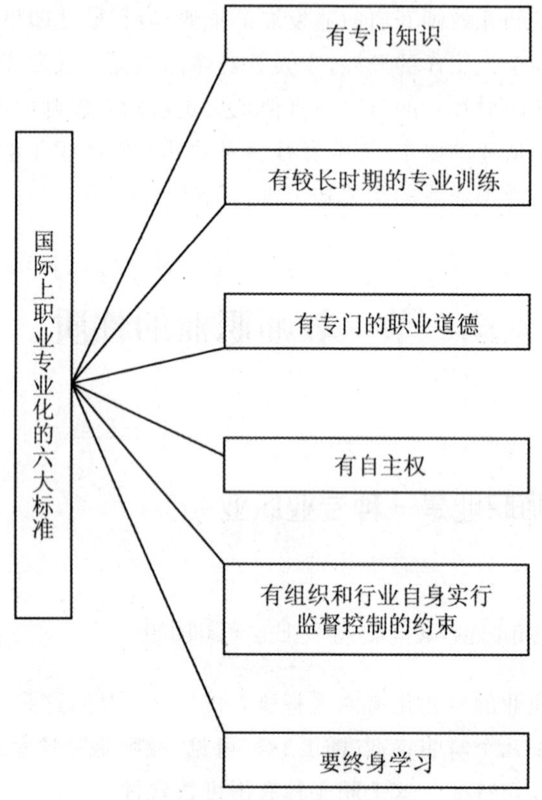

图 1-1　国际上职业专业化的六大标准

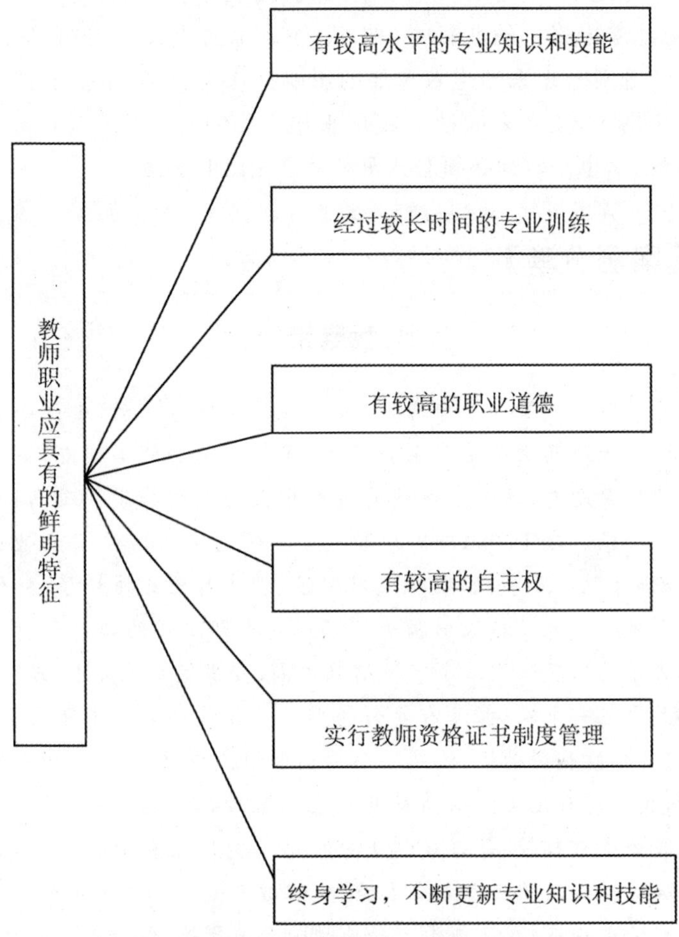

图 1-2　教师职业应具有的鲜明特征

二、幼儿教师应具备的基本素质

幼儿教师应具备的基本素质包括以下几方面：

（一）德性方面

德性是教师素质中最重要的成分，爱心是幼儿教师德性修养的重要内容，是教师事业心、敬业精神和职业道德的综合体现。有爱心的教师清楚地知道幼儿的事再小也是大事。某一个幼儿，虽然对教师来说是几十分之一，但是对一个家庭来说，则意味着全部，对一个民族来说，则意味着未来。幼儿稚嫩、弱小，处于生命成长的初期，他所经历的每一步都对其未来产生着重要的影响。作为教师，不仅要把幼儿当作成长中的个体、未来的社会成员来培养，还应对儿童一生的学习和发展负责，这也是教师必须对儿童和社会做出的承诺。

【案例分享】

老师，我鞋带松了

多年前我接手了一个中班，一天我组织了体育活动《小孩小孩真爱玩》的游戏，小宇两次都是跑在最后，为了赶上前面的小朋友，第三次他更加用力地奔跑着，结果在快跑的过程中因为失衡摔了一跤，额头立刻鼓出一个大包。我下午很忐忑地等候小宇妈妈来接小宇，并向他妈妈道歉，他妈妈却说："没事，已经摔成习惯了，骨头都已经摔松了，随便一摔额头就会鼓个大包。"我很感激小宇妈妈对老师工作的理解和对自己孩子身体素质的客观认识。小宇性格很内向，在班里个子最小、动作最慢，基本都是自己一个人玩，没有要好的朋友。我就经常在生活上、学习中关注他、鼓励他和帮助他，他是一个心思很细腻的孩子，感受到我对他的关爱后，我发现有几次他悄悄解开自己的鞋带，然后把脚伸到我面前笑着要求我为他系鞋带，每当我蹲下来低着头为他系鞋带时，能感受到他用手轻轻地摸着我的头发或者衣服，我识破了他是喜欢我和想有更多机会亲近我的小秘密后，便经常主动地抱他和他交谈，给他更多的关爱，他慢慢地知道我会给他许多的爱就不再解开鞋带了。一个学期结束后，小宇变得活泼开朗起来，新的学期开学，小宇妈妈激动地对我说："滕老师，谢谢你！假期里，邻居对我说突然发现小宇终于能和院里的小朋友们开心地玩儿在一起了，小宇长大了。谢谢滕老师对小宇的关爱，让他喜欢上幼儿园，交到好朋友。"

老师的爱要像太阳一样温暖到每一个孩子，幼儿教师要做一个"多心"的人，需要有责任心、童心、爱心、耐心、细心、关心，让每一个幼儿都感受到老师的爱。在小宇的案例中，如果我发现他故意解开鞋带要我给他系上而没有分析他的心理就对他发脾气，那么这个孩子可能就不会有更多进步了。我深深感受到为爱而工作会收获更大的爱，你爱孩子，孩子会更爱你,家长为你爱他们的孩子而尊重你,爱是无穷无尽的力量,只要你爱幼儿、爱幼儿教育,就一定能让你走在职业幸福的良性循环道路上。

爱孩子是职业幸福感最大的来源,现代教育家夏丏尊说"教育没有情感,没有爱,如同池塘没有水一样;没有水不能称为池塘,没有爱就没有教育。"孩子们是聪明的、敏感的,他们能清楚地感受到你真诚的爱,他也会回报给我们同样的爱,也会积极主动地接受老师的教育。

(二)身心方面

健全的体格、愉快的情绪、天真烂漫的童心,这是理想的幼儿教师不可或缺的。无论是伶俐活泼的年轻教师,还是饱经风霜的老教师,只要面对孩子就要保持和激发童心、童趣,真诚相待,欢快游戏,让孩子在无忧无虑中尽情享受幼年生活的美好。

【案例分享】

我会接着数

在自由活动时间,我发现好几个孩子在数数儿,我想这就是孩子目前发展需要的"最近发展区"。于是我在集体活动中利用磁性数字卡在黑板上排出一至一百,让孩子们数数儿,理解序数和十进制的关系,看到多数孩子基本理解,再把数字收起来开始玩儿数字接龙游戏,我从十开始,谁能接着数,就请他上来找出数字贴在黑板上,活动结束时看到还有很多孩子因为没有机会表现而失望的眼神说:"老师会把这些卡片投放在区域里,你们还可以接着玩儿游戏。"孩子们又变得高兴起来。区域游戏时间,我投放了一至一百的数字卡,拿着一支笔,请幼儿按顺序找出数字卡摆在桌子上,谁找得又快又对,就在他的手背上画一个小红旗或者小花,这个小奖励极大地激发了孩子学习数数儿的积极性,会数的积极参与活动,不会数的为了得到奖励也在积极学习,第一遍结束时梓俊手背、手心和手臂上都画满了骄傲的小红旗,引得其他幼儿投来羡慕的眼光！后来在区域游戏时间,甚至自由活动时间都会有能力强的幼儿拿着红笔主动承担组织者角色,通常都会有四至六个孩子参与游戏,一段时间后孩子数数的能力明显提高。幼儿高昂的学习积极性最大化地促进了幼儿最近发展区的发展。

复旦大学陈果老师说:“在这个世界上,我们会碰上很多有意义但显得很无趣的事情,把一切有意义的事情尽可能变得有意思,而同时把一切有意思的事情尽可能变得很有意义,这是生活的智慧。”幼儿教师正是这段话的诠释者,幼儿时期是一生中潜能开发的关键期,幼儿教师每天不仅负责孩子吃喝拉撒,还要把潜能开发这件有意义的事情做得有意思,才能让孩子在愉悦的环境中更好地发展。

(三)学识方面

幼儿教师的职业特性决定了其学识涵养是一个复合的结构。这个结构由通识性基础知识、教育科学知识、幼儿教育专业知识等组成。通识是人文社科和自然科学知识,构成了一个人的文化底蕴。教育科学知识是教育学、心理学、教育方法、课程与教学论等基础教育理论知识,是教师所必备的知识。幼儿教育专业知识主要有幼儿心理学、幼儿教育学、幼儿园课程以及幼儿园五大领域的教育(科学、健康、语言、艺术、社会),是幼儿教师所必备的知识。

(四)技能方面

幼儿教师是一个专业技术岗位,需要特定的专业技能和专业标准。2011 年 12 月,教育部颁布了《幼儿园教师专业标准(试行)》,已从专业理念与师德、专业知识、专业能力三个维度对幼儿园教师的专业标准作了要求。与中小学不同,幼儿园所实施的是生活教育,幼儿在幼儿园里的每一日生活皆是教育。幼儿教师专业技能是表现在对幼儿每一日生活指导及保教活动中的。

【案例分享】

穿越封锁线

因为想要一张桌子,我到楼顶保管室找,结果看到因为预防红眼病而闲置了许多的海豚毛巾架,看着这些造型漂亮的毛巾架就这么闲置着有些可惜,想了想就拿了两个到班上,又从家里拿了一卷很粗的红色毛线,为孩子们做了一个“穿越封锁线”的游戏架。孩子们低头跨脚、上钻下爬得很开心,抢着排队玩。但是一周后我发现基本没人去玩儿了,因为钻来钻去就这几个玩儿法,线还经常拧在一起或者断掉,我陷入了沉思。

为了安全,我之前把挂毛巾的活动钩子取下保存,现在又拿出几个钩子,把原来的由一根长长的线反复缠绕做成的“封锁线”变成四根独立的、可以自由卡在毛巾架杆上的活动的“封锁线”,孩子们可以自由创造“封锁线”的高低疏密,根据自己的喜好讨论设计不同的难度,孩子们在玩儿自己设计的“封锁线”游戏,顿时增添了不少乐趣。

简单的旧物利用,就能培养幼儿团队意识、规则意识、友好相处的思想,还能培养孩子的想象力和创造力。说明教师也要具备丰富的创造力和一双会发现的眼睛,才能及时发现和设计出有利于幼儿发展的游戏。

第二节　幼儿教师的职业特点

随着早期教育日益被国家和社会重视,幼儿教师这一职业蓬勃发展,逐渐彰显其专业化倾向,并产生出有别于中小学教师的特点(图 1-3)。

一、工作对象的特殊性

幼儿教师主要的工作对象是幼儿,幼儿时期是人成长发展的一个特殊阶段。在这个时期,幼儿正处于从不成熟走向初步发展的过程中。虽然具备了走、跑、跳、钻、爬等一定的基本动作能力,但动作的协调能力和准确性还未发育成熟;虽然学会了一定的语言表达,但还不能清楚、完整、准确地表达自己的想法和见解;虽然有一定的自制力,但还不能很好地控制自身的情绪和行为,不能独立地开展系列活动;虽然有一定的、较为浅显的认知和社会经验,但还欠缺大量的认知和社会活动的参与;虽然能逐渐走出家庭,进入幼儿园,开始逐步适应离开妈妈、爸爸的过程,在幼儿园也能获取一定的安全感,但是对幼儿教师、家长等成人的依赖性仍然很强。由于幼儿的知识经验较少,他们会以孩子独特的眼光和视角，天真无邪而又幼稚地面对成人和世界。

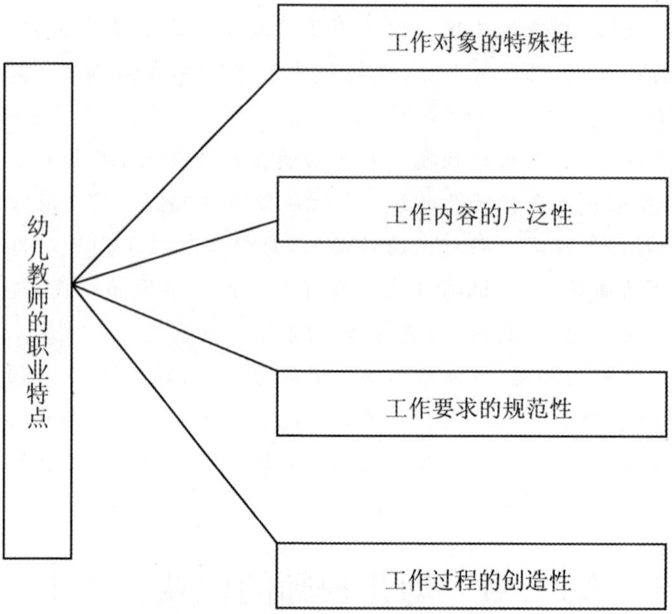

图 1-3　幼儿教师的职业特点

面对工作对象为幼儿这一特殊性，幼儿教师需要树立正确的儿童观，深入了解幼儿心理及生理的发展特点，正确地认识与看待幼儿成长发展中的种种表现，理解幼儿成长与发展背后的种种行为。另外，作为幼儿教师应该尽量站在幼儿的视角，蹲下身来，感知幼儿的认知世界，帮助幼儿逐渐从依赖走向独立，从毫无安全意识到学会保护自己。

【案例分享】

翻飞的彩纸

六一节活动每个班发了几个打气筒，要求用气球装饰教室，过完节打气筒就没有了用处，扔了又可惜，我想不如做点儿玩具给孩子们玩儿，到旧物收集箱里找出大的饮料瓶洗净控干水，再找出做环创留下的边角料彩色皱纹纸剪碎放进瓶子里，用打气筒对着瓶口打气。把这个玩具投放到科学区后，孩子们可喜欢了，在玩儿的过程中可以观察瓶子里的彩纸随着空气流动上下翻飞，感受空气流动的科学道理和感受彩纸翻飞的快乐心情，还能锻炼孩子的臂力，可谓一举多得。

在工作中只要细心，就能随时发现可以利用的废旧物品，根据幼儿的兴趣和发展需要，经常制作玩具投放到区域中，既节约玩具成本又可以丰富幼儿区域材料，培养幼儿对科学活动的兴趣。

二、工作内容的广泛性

幼儿教师工作内容的广泛性主要体现在以下两方面：

（一）幼儿教师的工作是做好幼儿身心和谐发展的启蒙教育工作

幼儿时期是人生成长发展的重要阶段，幼儿期是形成幼儿良好人格、养成良好行为习惯的重要时期，作为幼儿教育工作者的幼儿教师需要满足3～6岁幼儿身心发展的各种需求，促进幼儿体、智、德、美全面协调可持续地发展。在激发幼儿对世界、对社会探究欲望和兴趣的同时，增强其坚强的毅力，持之以恒的耐性，养成良好的礼仪行为规范，为其日后升入小学，走向成人奠定好坚实基础。这些都需要幼儿教师在工作中，不仅关注幼儿成长发展规律，学习幼儿心理发展与教育的相应理论，掌握幼儿园健康、社会、语言、艺术、科学等五大领域教育知识与内容，更重要的是需要从细微之处发现幼儿终身受益的成长需求，抓好教育的关键时期，采用游戏的形式，多样化的方法，对幼儿开展启蒙教育活动。

【案例分享】

我们是小小登山运动员

今天的集体教学活动我教了数学的分类，我正忙着给幼儿批改作业，还用余光看着已经做好作业自由活动的幼儿。突然看到窗外地上子瑜等五个幼儿用力地在爬着前行，仔细一看，他们腰上拴着一根很硬的包装绳，绳子上还勾着一个表演区的衣架。为了安全我赶快去问："你们在干嘛？"子瑜说："我们在攀登珠穆朗玛峰啊！"幸好刚才没有为了安全一声吼。等我改完作业，他们也玩儿得差不多时把他们几个找一起谈话。

我说："这个游戏谁发明的？"

子瑜说："我在电视里看到的，我看见那些登山运动员穿着有钉子的鞋子，在爬雪山时就不会摔跤。"

我问："那你们每个运动员腰里的衣架是怎么回事？"

子瑜说："这是救命的绳子扣！每个登山运动员腰上都有一根腰带，一个绳扣拉着长长的绳子，如果不小心掉下去，这根绳子就会拉住我们保命的。"

我再问："你是怎么知道这个运动的？"

子瑜说："昨天在电视体育频道看到的，我长大也要去登山，今天我们先练一下。"

看着孩子们迫切想玩儿又担心我因为安全不让玩儿的纠结眼神，我说："这根绳子太硬不好打结，万一腰扣掉了你们就危险了，所以我想帮你们换一根绳子怎么样？"孩子们一听笑开了花，我们一起翻箱倒柜都没有找到合适的绳子，孩子们的脸上又流露出些许失望，最后我看到一块布，为了孩子的快乐我决定牺牲这块新桌布，和他们讨论怎样把布变成绳子，怎么剪布条才能像绳子一样直，需要多少长度多少根等问题，在大家积极参与下终于把桌布剪成宽条，却又发现布条边有许多线头掉出来，布条就会变细了，还会把地板弄脏，又开始想要怎么办？看着他们实在想不到用火燎，我就说可以用火试试，孩子们又开始找火，但我们班没有火机火柴之类的火源。子瑜提议："去别的班借吧。"说着带上几个男孩儿出去了，一会儿就带着蜡烛和火柴回来了，说找了三个班才借到的。后来我们一起把布条边燎好。我要求他们每次游戏结束后把布条折好放在指定地点，"登山"时注意"绳子扣"的安全。在往后的很长时间，每天课间子瑜都带着一群小男孩儿很投入的趴在地上匍匐前进玩儿"登山"游戏。

"材料是游戏的灵魂、孩子是游戏的主人"，教师只是游戏的支持者和引领者，在幼儿游戏中，教师一定要时刻注意自己的作用，不能干预幼儿游戏的自主性，要随时观察幼儿、理解游戏，给他们提供合理化建议，这就是教师的作用。

(二)幼儿教师的工作是围绕幼儿保教活动开展的系列工作

幼儿园以保教活动为工作中心,身为幼儿教师,主要在幼儿园中开展对幼儿的保育和教育活动。这是有别于中小学教师的工作特点。幼儿教师不仅要关注幼儿知识的学习、能力的培养,还要注重幼儿精神状态是否正常,幼儿的身高、体重、饮食、睡眠是否符合年龄特点等。

【案例分享】

废旧图书变戏法一

每个班都有阅读区,经常有撕坏的图书,有的是因为争抢同一本书,有的是翻书时不小心撕坏的,看着一本本无头无尾的故事书和一页一页找不到家的精美画页扔也不是留也不是,我想想还是把这些“废旧物品”收集起来开展一个废旧图书变戏法的系列活动,目的一是要培养幼儿爱护图书的良好习惯;二是通过废物利用丰富区角材料投放;三是节约区角材料投放成本。

今天在美工区就投放了这些废旧图书,选择美工区的孩子们看着这些坏书问我:“老师,这是要做什么呀?”我问:“这些书怎么了?”幼儿:“撕坏了。”我问:“谁撕的?”幼儿齐声说:“不是我!”我再问:“那书是怎么坏的?”幼儿小声说:“不小心撕的、我看见谁谁撕的。”我说:“这么好看的书撕坏了修也修不好,里面的知识也学不到,扔了还浪费,希望小朋友们以后要更加爱护图书,像喜欢你的好朋友一样喜欢和爱护它们,你们才能在书本里学到知识。现在每个人找一张图,看看上面有什么你喜欢的图是完整的,今天的活动就是把这些美丽的图剪下来,看看谁剪的又多又好!”要求是剪图的时候要注意剪子的使用安全,剪出来的图要保持完整和边沿要剪整齐,孩子们开心地找自己喜欢的图剪了起来。

活动结束时间到了,我去验收孩子们的成果,他们高兴地向我讲述他们剪好的许多图片。就这样一周剪下来有一百多个图形,顺利完成废旧图书变戏法的第一个活动。此活动既丰富了区角材料,培养了幼儿爱护图书的良好习惯,还提高了孩子们使用剪子剪的技能,培养幼儿手眼协调能力和专注力。

废旧图书变戏法二

孩子们一直好奇地问我剪好的图形哪里去了？今天我把这些图形拿出来投放到语言区，彤彤和几个语言区的孩子们看着自己剪的图形好开心，我又拿出一张白纸，让她们选出几个自己喜欢的图形放在白纸上，有一条蛇、一只鹰、一个杯子、一棵树，我说："今天你们就用这几个图形编一个好听的故事吧。"彤彤说："滕老师，这也太难了吧?"我说："老师相信你们肯定能编出好听的故事，我一会儿要来听你们讲故事的。"孩子们认真地把图形换来换去的排列在纸上讲着。

活动总结的时候，语言区由彤彤代表小组给全班小朋友讲他们创编的故事《老鹰抓蛇》：一只老鹰从很远的地方飞过来，它肚子好饿呀！正好看见一条蛇躺在草地上晒太阳，老鹰飞下来一把抓住蛇吃了，又看见杯子里有水，它喝了杯子的水，就飞到树上睡觉了，它好舒服呀！

故事虽然简单，但这也是开启幼儿智慧的一个方式，在这个活动中提高了幼儿小组学习的积极性、语言组织和表达能力，更多的是促进幼儿思维能力的发展，废旧图书起了大作用。

废旧图书变戏法三

母亲节快到了，今天我要让每个幼儿选一张图形做一张贺卡送给妈妈，小朋友们听说要做送给妈妈的节日礼物很是高兴，我教她们先找出自己喜欢的图形和彩色卡纸，把图粘贴在对折的卡纸上，然后用彩笔自由添画的方式做出一张送给妈妈的节日贺卡。

孩子们精心挑选图片和卡纸的颜色，细心地制作起来。他们制作好后都拿过来给我看，有选公主图形给妈妈的，添画妈妈在草地上跳舞；有选一块大西瓜，添画和妈妈一起吃西瓜；有和妈妈一起坐在老鹰背上飞的……我建议给妈妈讲一句祝福的话，我帮助她们写在卡片上，彤彤写"妈妈我爱你"、恩宇写"祝妈妈节日快乐"、佳悦写了"祝妈妈越来越美"……

此活动通过用旧图书剪出来的美图粘贴和添画，制作送给妈妈的贺卡，达到旧物利用、培养幼儿的想象力和创造力，以及爱妈妈的情感等目的。

废旧图书变戏法四

我在废旧图书中挑选出了许多比较完整的单张图片,今天投放到美工区里,小朋友问我"老师,今天还要剪图形吗?"我说:"今天要做新的东西,看看谁能想到用这些图画做什么?"孩子们经过讨论后告诉我可以折飞机、折小动物。看着孩子们想不出更多内容,我出示了他们爱玩的拼图,说明我们今天要做的主题是自制拼图,做得好的拼图是要投放在益智区给全班小朋友玩儿游戏的。孩子们看着不规则的拼图又高兴又茫然,思语说:"滕老师,我不会做!"我指着拼图说:"嗯,这个拼图弯弯扭扭的确实不好剪,怎么办?"梓妍说:"那我们就把拼图放在画纸上画下来再剪。"我说:"这个方法很好,可以试试。"我把拼图给她试了一下发现不行,看着孩子们想不出办法了,我决定降低难度,又问:"弯弯曲曲的线不好剪,直线会不会更好剪?我们把这些弯弯曲曲的线画成直线会怎么样?"孩子们表示赞同,开始找喜欢的图片设计自己的拼图,有的把图剪成四片、有的八片甚至十多片的,剪完了第一张图我提出要求把自己剪好的图片放进一个自封袋里,我又提出问题:"你剪好的拼图是一个完整的拼图,但是如果你的拼图不小心和别人的拼图弄混了,就没有办法再玩拼图游戏了,要怎么办?"孩子们再次陷入思考中,看着孩子们又没有了思路,我提示说:"可不可以在你的拼图上和袋子上做个和别人不一样的标记?这样不小心弄混了也能一下子找到。"孩子们的思路又被打开,积极思索着和别人不一样的标记,不一会儿就做好了,有各种颜色的三角形、圆形,有画花的、有写数字的,等等,做得快的小朋友还做了两套,孩子们看着自己的成果高兴极了,迫切地先玩儿起拼图来。

如何促进幼儿"最近发展区"的发展是幼儿教师工作中需要思考的重要主题,教师只有不停地问,幼儿才会不停地思考,不停地成长。

三、工作要求的规范性

幼儿教师是对3～6岁幼儿开展保教工作的专门职业。自1989年国家颁布《幼儿园管理条例》以来,国家及社会日益关注幼儿园、幼儿教育乃至幼儿教师的专业化发展。《幼儿园管理条例》对幼儿园保教工作要求,幼儿园保育员、园长等任职资格进行规定。1996年颁布、2013年修订的《幼儿园工作规程》指出："幼儿园教师必须具有《教师资格条例》规定的幼儿园教师资格"，并对其工作职责等进行规范。2001年颁布的《幼儿园教育指导纲要（试行）》（以下简称《纲要》）中对幼儿园教育性质、目的、任务及内容，特别是对幼儿园健康、社会、语言、科学与艺术五大领域的教育活动培养目标、活动内容与要求等逐一说明。为了帮助一线幼儿教师及家长更科学合理地理解《纲要》的精神，落实《纲要》理念，2012年10月，国家教育部又颁布了《3～6岁儿童学习与发展指南》分别对3～4岁、4～5岁、5～6岁三个年龄段幼儿的合理发展水平与期望提出合理指标参照，为广大幼儿教师和家长教育活动的开展提供了可操作性的建议。随着国家关于幼儿教育、幼儿教师相关法律法规的出台，对幼儿教师的职业要求日益规范。

四、工作过程的创造性

幼儿教师的工作需要幼儿教师具有创新人格，其工作过程是开展创造性的活动过程。因为幼儿教师的工作对象具有个体差异性，这直接决定幼儿教师的工作开展需要不断创新。虽然幼儿教师任教于某一年龄班，班级内幼儿年龄阶段相仿，但是由于每名幼儿有着不同的家庭教育及个体成长发展经历，每个班中的每名幼儿都是不一样的，即使是双胞胎或多胞胎，也会有外貌及性格上的差异。面对幼儿的个体差异，需要幼儿教师在工作过程中，面对不同情境，不断生成教育机智，对不同的幼儿采用不同的保教方式与方法。当面对做事情比较着急的幼儿，我们在教育的过程中不妨给孩子一些锻炼耐性的活动，如捡豆子、系纽扣；当遇到慢性子的幼儿，我们可以在积极鼓励孩子的同时，采用竞赛的方式激发其加快速度。幼儿有着无尽的想法，对世界有着不同的理解，产生不同的行为，需要我们幼儿教师在幼儿园各类教育活动中，在幼儿园一日生活之中，尝试多种不同的教育方式，运用多样的解决问题的方法，促进幼儿个性化的发展。①

① 杨香香．幼儿教师专业发展[M]．长春：东北师范大学出版社，2014．

【案例分享】

老师获奖了

今天早上赵老师和幼儿园里的三十个青年教师到市体育馆参加民族操决赛,快上课了,思怡突然问我:"滕老师,赵老师怎么不来领我们(不来上班的意思)?"我告诉她"赵老师去参加民族操比赛,要拿冠军的!"思怡眼睛一亮兴奋地说:"赵老师太厉害了!"我想:这不就是一个培养孩子集体荣誉感的好时机吗! 于是,临时生成了一个社会活动"送给老师的礼物"。

上课了,我先提问:"赵老师今天为什么没有来幼儿园?"引出问题,这时候所有小朋友都发现了赵老师真的没有来幼儿园。思怡骄傲地大声说:"赵老师比赛拿冠军去了!"全班幼儿一下子情绪高涨起来,全神贯注地看着我。我说:"赵老师和其他班的好多老师代表幼儿园一起去参加民族操比赛,如果她们得了冠军你们高兴吗?"孩子们异口同声说"高兴",我说:"那我们要怎样庆祝老师得冠军?"孩子说:"送礼物给赵老师、送衣服给她、送鲜花给她……"我说:"你们的想法很好,但是我们现在是不能离开幼儿园的,再说你们也没有钱,是买不到礼物的。还有什么办法?"小林子说:"那我们画出来送给赵老师吧!"孩子们的思路一下子打开了,七嘴八舌地说要画花、画奖杯、画漂亮裙子……我说:"你们想的真好! 除了画画儿,还可以用不同的材料做出不一样的礼物,这样赵老师就能收到更多不同的礼物。"话音刚落就见全班幼儿起身到处找材料,我也及时把备用的各种纸、瓶子、木片等材料投放到美工区,并及时询问幼儿还需要什么材料,做好充分的准备工作,并引导面对诸多材料犹豫不决的幼儿形成思路,幼儿很快就找到了自己想要的材料,边思考边制作。有的用黏土做奖杯,有的用彩纸剪花,更多的是画画儿。一会儿就有幼儿拿着自己的作品给我看,并给我讲述他们的礼物,小林子指着画对我说:"老师,我要送给赵老师珠宝,这个是戒指、这个是手镯、这个是戴在耳朵上的、这个是脖子上的。"我表扬他后开心地走了,过了一会儿他又拿着画儿过来和我说:"滕老师,我担心这些珠宝会被小偷偷掉,所以画了一个保险箱把这些珠宝锁起来。"我表扬他想得周到,他更加开心地走了,过了一会儿他又走过来指着画对我说:"滕老师,我又画了锁和钥匙,要有锁和钥匙赵老师才能打开箱子拿到珠宝,小偷也偷不去了。”看到他一颗悬着的心终于放下,于是心满意足地藏好画玩去了。雨桐画了老师用皱纹纸剪成细条裹在花棍上的串串花,因为花瓣很细,她画得有些慢,画好后又用剪刀把多余的纸剪掉,形成一支平面的花,我走过去,她指着桌子上的两张纸对我说:“我本来想做三朵花,但是太难了,就做一朵好了。”所有幼儿都做好了自己的礼物,我告诉他们一定要保管好自己的礼物,下午要给赵老师一个惊喜!孩子们整个早上都是在喜悦和期盼的心情中度过的。下午赵老师终于来了,我告诉她有一个惊喜,并让孩子们把礼物都拿出来藏到身后排着队依次把礼物送给赵老师,并对赵老师讲述自己送的礼物。赵老师看着画听着孩子们讲送给她的各种礼物,我看到她的眼眶湿润了。

虽然老师们没有拿到冠军,但是已经不重要了,在这个活动中不仅激发了幼儿的集体荣誉感,树立了老师的积极形象,更是培养了幼儿自主学习、想象力、创造性及操作能力的发展,在对老师表达的过程中,激发了幼儿爱老师的情感。

作为此活动的设计和实施者,我也感受到孩子对老师真诚而温暖的爱,更深刻感受到作为一个教师,需要时刻关注幼儿的语言和行为,及时抓住幼儿的关注点形成有教育价值的活动,从不同的角度促进幼儿全面发展。

第三节　幼儿教师的工作场所

一、对幼儿教师工作场所认识的误区及应对策略

幼儿园是幼儿教师工作的主要场所,很多人由于人生经历及阅历有限,对幼儿园的认识比较单纯与理想,认为幼儿园就是儿童玩的世界,幼儿教师每天只要陪着孩子吃喝玩乐即可。这种观念表明缺乏对幼儿园功能与社会价值的科学认识。而认为“幼儿教师只要教好孩子即可”则

忽视了幼儿教师在幼儿园保教工作中的重要作用,缺乏对幼儿园安全隐患的防范意识,缺乏对幼儿细心及敏锐的观察能力。

【案例分享】

我最喜欢的是军人

今年的小班特别让我感到疲惫,因为有一个叫大卫的小朋友,每天入园哭得不行,第三天的早上我去他妈妈手里抱他,他却一口给我的手臂咬了一个深深的椭圆形的牙痕,条件反射地一放手,一块闺蜜从香港带过来的最新款手镯表打在墙上裂开,真是身心剧痛!最让人烦恼的是他妈妈刚离开一会儿他就不哭了,因为找到新的事情:抢物和打人。看到其他小朋友带来的玩具和食物,有喜欢的就抢,抢不到就打人,甚至把抢来的食物塞到下水沟里。老师每天都在帮他解决各种问题,谁也不敢和他玩儿,对他敬而远之。每天下午妈妈来接他离园都会有家长围着妈妈告状:大卫打了他们的孩子。有一天我突然发现大卫不打人了,而是拉着小玲的手做好事:拉着小玲去找做操的点站队、去如厕、去上课、去午睡,给小玲倒水喝、喂小玲吃饭……无微不至地关心着小玲。小玲是一个性格很内向、动作很慢,但很漂亮的小女孩儿,只要老师不主动和她说话,可以一整天没有交流的柔弱女孩儿。看到大卫这么主动地关心她,俨然就是小玲的"护花使者"。就这样过完愉快的一星期。周一早上,我刚到班上就看到小玲的妈妈很生气地站在教室门口,撸起小玲的衣服后背给我们看,只见小玲后背大大小小、深深浅浅的几个牙痕清晰可见,我立马就找到了"作案者"——大卫。在老师和家长的严肃询问下,他终于承认是他在教室后面趁没人看见的时候咬的,因为小玲从来没有说过也没有哭过,回家也没有告诉家长,家长也不是每天给孩子洗澡,所以老师和家长都没有及时发现这件事情。为了不让孩子继续受伤,老师们只好时时看着大卫不给他欺负小玲的机会,大卫无事可做又继续打人抢物。经过和家长仔细沟通和交流,了解大卫的爸爸是军人,在训练战士时经常带着大卫,大卫会走路就跟着站军姿、走正步,还会做直立卧倒等,跟着军人一起训练,造就了大卫非常棒的身体素质。找到大卫喜欢军人素养的优点后,就经常给他讲军人的天职是最服从命令的,来到幼儿园,老师就是军官他就是士兵,一切行动要听指挥等等道理，排队要求他用军人的站姿，上课要求他分开双腿双手放在膝盖上的军人坐姿，自由活动时间请他来给小朋友们表演军姿和直立卧倒等部队训练项目，还支持大卫做指挥官训练男孩儿，鼓励男孩儿积极参加大卫的训练，建立他的威信，让他感受和小朋友在一起游戏的快乐体验，同时也能培养幼儿的生活常规意识，慢慢地交给他做一些力所能及的事情，做一些帮助小朋友的事情，如饭后收拾小椅子，进餐时给小朋友分餐碗，帮老师拿书本等等，慢慢地他改掉了许多不良行为习惯，基本能和小朋友友好相处，也有了良好的学习和生活习惯。看着大卫的点滴进步，我们的努力终于有了回报。

孩子也有被需要和被尊重的愿望，想要改变幼儿不良行为习惯，一定要找到幼儿的闪光点，只有深深追随幼儿的成长需要，才能获得幼儿教育的最好效果。

二、对幼儿教师工作场所认识误区的应对策略

（一）全面理解幼儿教师职业的工作职责

幼儿教师需要立足本职工作，一方面积极学习国家的《幼儿园教师专业标准（试行）》《幼儿园教育指导纲要（试行）》《幼儿园工作规程（修订稿》及所在幼儿园制订的各项幼儿教师工作规范等文件精神；另一方面还需要在自身从事的幼儿园工作实践中，不断结合幼儿教师专业标准进行反思，提升自身对本职工作内容、职责及角色的认识。

（二）科学认识幼儿园

通过熟悉所在园的各项管理制度、国家的有关幼儿园教育的政策法规，以及积极参加幼儿园教研活动等途径，正确地理解幼儿园是什么样的机构，幼儿园在现代社会中的重要作用与价值等。

（三）增强幼儿园工作安全防范意识，全面提高自身保教工作能力

安全工作是幼儿园各项工作的重中之重。作为幼儿教师，一方面需

要不断与时俱进,学习国家教育部颁布的《幼儿园管理条例》《幼儿园教育指导纲要(试行)》《中小学幼儿园安全管理办法》等法规政策,明确幼儿教师需要对幼儿身心健康成长开展保教工作;另一方面,在工作中通过学习老教师的保教工作经验,对自身保教行为及当前幼儿园安全事故事件的不断反思等途径,提升自身幼儿园工作的安全意识,自身开展幼儿安全教育及幼儿危机事件处理的教育机智和应变能力等,尽早将幼儿园安全隐患排除。当面对幼儿危机事件时,能从容应对,科学地看待幼儿园及幼儿教师工作。

三、幼儿教师工作场所——幼儿园的重要价值

德国教育家福禄贝尔曾认为,幼儿时期是人的发展过程中的一个非常重要的阶段。他把学前教育有机地列入完整的教育过程中,将其看作是人的真正教育的开始,并认为幼儿园应当帮助那些无力照顾孩子的家庭解决照管孩子的困难,同时更重要的是培养学前儿童参加与其本质相适应的活动,为未来美好生活做好准备,为家庭育儿提供指导并培训幼教工作者,推广幼儿教育经验等。

随着社会的不断进步,生产力的不断发展,国家和人们日益关注儿童的早期教育,当前新形势下,幼儿园对幼儿、幼儿教师及家长等的社会价值日益显现,主要体现在以下几方面(表 1-1):

表 1-1　幼儿园的重要价值

重要价值	具体内容
幼儿园是幼儿教师工作与职业发展的主要场所	在幼儿园中,幼儿教师可以凭借自身的职业操守、职业素养与职业精神等,实施促进幼儿健康成长的专业服务。在幼儿园工作的过程中,不断积累,促进自身职业生涯的发展,发挥自身的社会价值,实现自身职业理想。而幼儿园保教活动任务与目标的达成与实现,以及幼儿园教育质量的优劣与在幼儿园从事幼儿保教工作的幼儿教师息息相关。幼儿园培养和造就一批批幼儿教师,他们也会在幼儿园的各项工作及自身专业发展中不断开花结果。

续表

重要价值	具体内容
幼儿园是幼儿身心健康成长的重要机构	幼儿园为幼儿提供社会化的学习环境。在多伙伴的场所，通过幼儿教师系统、专业的教育引导，帮助幼儿掌握基本的社会交往礼仪与规则，可以使其尽早地融入大社会的集体生活中。专业培训的幼儿教师，在幼儿园开展的保教活动中，承担着幼儿成长与发展的观察者、协助者，幼儿全面发展的启蒙者、设计者与辅导者等角色。幼儿园是对幼儿开展保教工作的重要场所，"保"侧重幼儿身体与生活的养护与照顾；"教"强调对幼儿的心智与行为习惯的培养与塑造。比如在幼儿园的一日生活中，既要关注幼儿的情绪状态，还要照顾好幼儿的饮食、睡眠，在游戏化的生活中，开展幼儿教育，寓教育于一日生活之中。
幼儿园是幼儿家长寄予期望的服务机构	幼儿园作为社会公共教育与服务机构，不仅要满足幼儿个体成长发展的不同需求，为幼儿的健康生活、快乐成长创设条件，还应该积极关注幼儿家长对其子女合理的期望与要求，为幼儿家长的育儿排忧解难。幼儿园可以通过家长宣传栏、家长开放日、家园联系册、家访等多种途径，帮助幼儿家长认识并理解幼儿园的教育理念，对幼儿园的各方面教育产生较为强烈的认同感；引导幼儿家长树立较为科学的家庭教育观、教养观等，对幼儿形成合理的期望；此外，还应解决幼儿家长在育儿过程中的种种问题与困惑等。

【案例分享】

对报纸的探究活动

探究是儿童对材料动脑思考和动手操作交织进行的活动，幼儿的探究兴趣无穷无尽，所以教师要注重材料投放，不断更新材料，支持和引导幼儿与活动材料的积极互动。幼儿在探究过程中经常会遇到自己无法解决的困难,教师这时要“睁大眼睛,闭上嘴巴,学会等待”,当幼儿的探索兴趣即将消失或者遇到瓶颈时,教师的干预才是积极有效的。如果教师过早介入幼儿的活动帮助幼儿解决问题,就可能抑制幼儿原本富有创造性的想象力。

幼儿的发展是存在差异性的,在幼儿对材料探索的过程中,要给予幼儿充分的探究过程,给幼儿自主权,有利于增强幼儿的自信心和创造性,并让幼儿在过程中得到满足。

在对报纸的探究过程中,教师通过层层设问激发幼儿的想象力、创造力和科学知识的积累。教师第一个问题引发的第一轮的思考:谁能用报纸制作炸弹?全班幼儿的思维进入秒停顿状态,此问题对孩子的思维进行了挑战:一张平平的纸怎么变成圆形的炸弹?在幼儿思考时教师一定要管住嘴,给幼儿自己寻求解决问题的时间,教师也有主动观察的时间。过了一会儿,子瑜边双手搓揉报纸边弱弱地问:“滕老师,是这样吗?”我用赞许的眼神和鼓励的语气说:“试试吧!”他很快就把报纸揉成圆球做好了“炸弹”,自豪地说:“我做成炸弹了!”在他的示范下全班幼儿很快就做好了“炸弹”,孩子们情绪又高涨起来。为了培养幼儿的观察能力和思考问题的能力,让幼儿把“炸弹”放在桌子中央一起观察比较。教师提出第二个问题引发关于报纸的第二轮思考“谁做的炸弹最好?为什么?”

老师:“谁做的‘炸弹’最好?”

航航小声地说:“他们做得好,我做得不好。”

老师:“为什么?”

航航:“他们做的大,我做的小。”

教师:“每个人的报纸都是一样大,你的为什么更小?”

航航:“因为我使劲儿使劲儿地捏。”

教师:“更小的就不好吗?我们大家一起来捏捏大的和小的‘炸弹’有什么区别?”

幼儿动手捏后比较的结果讨论:更小的感觉更紧更硬,大的更软。

老师:“现在你们认为大的更好还是小的更好?”

幼儿大声说:“小的更好!”

老师:“为什么小的更好?”

幼儿:“小的更坚固,不容易坏。”

幼儿通过比较一致认为小的更好,制作了最小“炸弹”的航航也由原来的自卑变得特别自豪。

教师创设有利于幼儿进行科学探究的环境，通过层层设问让幼儿进行探究式学习，在一步步的思考过程中，使幼儿主动获得知识经验，培养幼儿乐学、好学、自信的学习品质。在活动中要给幼儿出错的权利，接纳幼儿的错误认识，在思考中改变幼儿认为什么都是大的更好的固有观念。

在对报纸的材料探究中，让幼儿设计伞的游戏，培养幼儿的小组学习能力、想象力、口语表达能力；在“炸弹”的制作过程中，让幼儿自主探索一张平面的纸是如何变成立体圆形的过程，激发幼儿的想象力和创造力；在对“炸弹”的观察比较中，培养幼儿的观察能力，通过观察发现问题和解决问题的能力；在比较大小的过程中通过层层思考得出最大不一定是最好的正确结论，促进幼儿逻辑思维能力的发展。

新《纲要》提出：“幼儿园应为幼儿提供健康、丰富的生活和活动环境，满足他们多方面发展的需要，使他们在快乐的童年生活中获得有益于身心发展的经验。”《纲要》也指出“游戏是幼儿的基本活动，幼儿园应以游戏为基本活动”。因此，幼儿教师对游戏环境的创设能力、对幼儿游戏活动的支持和引导能力是教师核心专业能力之一。在幼儿园区角游戏活动中“材料是游戏的灵魂，幼儿是游戏的主人”说明材料的选择和投放对游戏的进行过程和对幼儿的学习结果有着决定性的作用。所以，教师在选择区角活动材料时，除了考虑材料的趣味性，还应充分挖掘材料的教育价值，在活动中使材料发挥最大的教育效益，使材料成为不说话的老师，不仅能让幼儿对游戏材料产生更浓厚的兴趣，而且能让幼儿通过对该材料的不断操作、探索，发现它的更多用处，达到促进幼儿多元发展的目的。

炸碉堡啰

区域活动材料投放的目标性是促进幼儿自主性发展为前提。根据不同幼儿的年龄特点来制订游戏目标，投放的材料要渗透不同的教育目标，才能既满足幼儿的兴趣探究，又保证幼儿取得与教育目标一致的探究结果。

今天活动室外的体育区域要开展“炸碉堡”的游戏，我在活动室外的走廊顶部投放了一大一小两把撑开倒挂的伞和一筐幼儿在集体教学活动中自制的“炸弹”,目的是锻炼幼儿上肢力量及促进视觉运动能力的发展。

活动开始,选择这个区域游戏的都是男孩儿,他们兴致高昂,拿了自己制作的“炸弹”就投,在伞下穿梭、跳跃、投掷,一会儿子瑜说:“你们都过来都过来!我们商量一下作战方案!”商量结束后又开始了游戏,我实在看不出和之前有什么不同,忍不住问子瑜,他说:“原来的是自己跑来跑去的会撞到人,现在是大部分人投大伞,小部分人投小伞,这样就不会撞到人了。”游戏继续,一回儿就把“炸弹”全部投到“碉堡”里了,孩子们意犹未尽想要把纸球取下来再投一次。他们商量的第一个取球方法是跳起来用手托伞把球抖出来,但由于伞太高,跳了几次只抖出来一个还很累,感觉效果不好;后来寻找到一张桌子,在子瑜的指挥下一起把桌子抬到伞下,又站在桌子上顺利取出纸球。但发现部分纸球已经松散开来,子瑜又自发组织幼儿重新加工纸球,游戏继续。

陈鹤琴先生曾经明确指出:“小孩子玩儿,很少空着手玩的,必须有许多的东西来帮助才能玩起来,才能满足玩的欲望。”说明幼儿想玩儿是达到玩儿中学的前提,所以材料投放具有重要的现实意义,合理投放区域材料,让材料最大限度地发挥出教育的功能和价值,让幼儿在自主游戏中得到多方面的发展。

在区域活动中,通过材料本身的吸引力吸引幼儿自己主动地去探索游戏方式,不干扰幼儿的游戏过程,给幼儿自主游戏的权利,在“炸碉堡”游戏过程中、在商议“作战方案”中、在寻求如何取出伞中纸球的方法等过程中,既增强了幼儿体能发展及视觉运动能力的发展,又提高了幼儿发现问题和解决问题的能力,使幼儿体能与智力都得到发展,体现出团结协作精神。

合理投放区域材料可以促进幼儿学习品质的养成。《指南》“说明”部分中明确指出:“忽视幼儿学习品质培养,单纯追求知识技能学习的做法是短视而有害的。”“学习品质”是指个体在学习中形成并在学习活动中表现出来的学习态度、行为习惯、方法与学习密切相关的基本素质。学习品质的养成不是靠教师说教培养的,而是幼儿在与材料、同伴交流的过程中逐步建立的。幼儿园区域游戏不是单纯要求幼儿达到某些技能,而是以幼儿喜欢的方式在游戏过程中与材料互动中自然获得。

总之，幼儿教师在开展区域游戏中，应体现出“自由、自主、创造、愉悦的游戏精神”。因此投放的材料要根据幼儿的年龄特点、兴趣爱好和发展需求，知道如何让幼儿在游戏中获得快乐和满足，同时使幼儿获得多方面的发展，教师要尊重幼儿游戏的主体地位，要学会做一个观察者和支持者，要学会保持沉默，不去干涉和干扰幼儿；还要学会观察和判断幼儿的需要，适时地给予帮助，支持幼儿主动、创造性地开展游戏。

第二章　不断发展：幼儿教师专业发展概述

幼儿园作为一种社会公共教育机构，对幼儿身心健康全面和谐发展起着重要作用。幼儿教师专业化已成为当今世界各国教育发展的趋势，本章即对幼儿教师专业发展的相关知识进行简要研究。

第一节　教师专业发展的内涵

一、教师专业发展的概念

关于教师专业发展的概念界定，因研究的逻辑结构与选用方法不同而呈现出不同的表述。有学者认为："教师专业发展就是教师的专业成长或教师内在专业结构不断更新、演进和丰富的过程。"①也有学者指出，教师专业发展是指"教师个人在历经职前师资培育阶段、任教阶段和在职进修的整个过程中都必须持续地学习与研究，不断发展其专业内涵，逐渐达到专业熟练的境界"②。从以上对教师专业发展内涵表述的比较中，我们可以看到以下一些共性特征：

第一，都强调教师专业发展要素的内生性和自觉性。

第二，都重视基于教师专业发展过程理解的阶段性与动态性。

---

① 叶澜，白益民，王枏，等．教师角色与教师发展新探[M]．北京：教育科学出版社，2001：226.

② 朱宁波．中小学教师专业发展的理论与实践[M]．长春：吉林人民出版社，2002：72.

第三，都承认教师专业发展状态的非终结性。

基于以上分析，我们认为，教师专业发展是指以教师专业自觉意识为动力，以教师教育为主要辅助途径，实现教师的专业知能素质和信念系统不断完善、提升的动态发展过程。

二、教师专业发展的结构

从教师专业发展的角度来说，教师专业结构应涵盖以下三方面（图 2-1）：

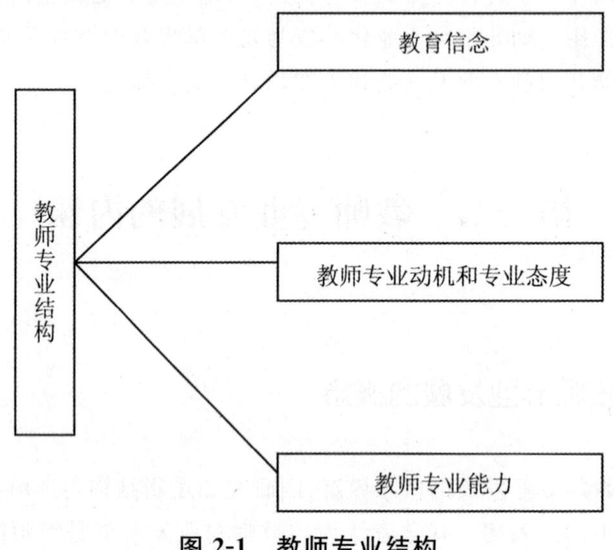

图 2-1　教师专业结构

（一）教育信念

教育信念是指教师自己选择、认可并确信的教育观念或教育理念。教育信念在教师专业结构中位于较高层次，它统摄着教师专业结构的其他方面。教育信念包含以下几方面的内容：

第一，专业理念：教师专业行为的理性支点。

第二，宏观上：教育观、学生观、教育活动观。

第三，微观上：关于学习者、学习的信念；关于学科的信念；关于学会教学的信念；关于自我和教学作用的信念。

(二)教师专业动机和专业态度

1. 教师专业动机

专业动机是指教师工作积极性的维持以及教师职业满意度的持续。

2. 教师专业态度

教师专业态度是教师自我专业发展的内在动力，包括三个方面的内容：

第一，对自己过去专业发展过程的意识。

第二，对自己现在专业发展状态、水平所处阶段的意识。

第三，对自己未来发展的规划意识。

(三)教师专业能力

教师专业能力包括一般能力和特殊能力两个方面。

1. 一般能力

教师专业的一般能力是指教师在智力上应达到一定水平，它是维持教师正常教学思维流畅性的基本保障。

2. 特殊能力

教师专业的特殊能力包括以下两方面：

第一，与教师教学实践直接相联系的能力，如语言表达能力、组织能力、学科教学能力等。

第二，教师对教学实践认识的教育科研能力。

【案例分享】

一、白星的绿番茄

通过两周的蔬菜主题活动，孩子们认识了许多蔬菜，今天要在美工区投放黏土，让孩子们做出自己喜欢的蔬菜，孩子们可高兴了，做了辣椒、红番茄、紫色茄子、豆荚、土豆等等，还能配出相应的颜色，如红红的番茄绿色的托、紫色的茄子绿色的托、绿色的豆荚上面有一粒粒的小圆豆，每个孩子都做得很认真。我要求小朋友把做好的作品放到盘子里摆好，下午要进行作品展示，让爸爸妈妈来欣赏。有了这个小目标孩子们做得更起劲了。一会儿，白星伸出小手说："老师，红番茄、红番茄，这个不会做。"但他手里拿着一个小小的绿色圆球，另一只手里拿着红色的黏土，意思是不会做番茄托，让我帮他把红色黏土做成番茄的托，我接过绿色圆球说："你把它（红色黏土）搓圆，压扁。"再手把手教他做出托的尖叶片让他粘到绿番茄上，做好后白星欢天喜地的玩儿去了，我就把这个绿番茄放到盘子里。当所有作品收集结束后，我发现白星的绿番茄不见了！我到处找也没有找到，担心家长来看不到他的作品会难过，所以悄悄地做了一个近似的绿番茄放进去。晚餐结束后孩子们特别兴奋，帮着布置作品展的事情，我注意看了一眼绿番茄，发现又不见了！但家长已经等在门口，再做一个已经来不及了，只好如实告诉家长白星做了一个绿番茄，但是不见了，白星急得哭了。

白星的动作协调性发展较弱、语言表达也不是很清晰，但是很可爱，仔细回想在两周的蔬菜主题活动中，出现的都是红番茄，没有出现过绿番茄，因绿番茄不能吃所以市场也少有卖，孩子对番茄的认知就是红色的，白星对番茄和托的颜色区分又不明确，做了绿番茄也不知道对不对。而某一个细心的孩子因为没有见过绿番茄，所以每次看到绿番茄就以为这个番茄是错的，所以赶紧悄悄扔掉，才会出现他见一次扔一次的结果。

孩子的经验就是在生活和游戏中习得的，游戏是孩子学习的重要途径，教师不可以干涉孩子的游戏，因为孩子要表达的是她们自己的经验和思想，而不是教师的经验和思想，要尊重孩子的想法。

二、和数字宝宝做游戏

王大伟和张鑫宇等五位小朋友进了益智区，看到记录表上的数字，愉快地玩儿起来。过了一会儿，王大伟说："老师，5 要怎么分你没有教过！"其他小朋友也转过头附和着说："是的，没教过！"我说："让老师看看你们前面分的对不对？全部正确！说明你们的方法是对的，用对的方法挑战一下新的数字吧，看看谁能把老师都没有教过的数字分解出来？"孩子们一听赶紧低下头探索新数字的分解。游戏结束时间快到了，我又走到益智区,看到五位小朋友还在专心地分解数字,王大伟分到了10,其他几个小朋友分到7、8不等,但是分解方法和结果记录都正确。

在集体教学中,我用雪花片具体讲解了2—4的分解和记录方法:要求幼儿根据数字分解记录表上的总数字,数出相应的雪花片进行数字分解操作游戏,要求分出来的数字要分别写在分解符号下面,左边竖排的数字要按照1、2、3……的顺序排列,保证数字分解的准确性和完整性。看到大多数幼儿对此方法能轻松理解,所以在益智区投放了10以内的分解材料,想看看幼儿自主学习的能力和对学习方法的探究和迁移能力。王大伟和张鑫宇几个小朋友在我们班年龄最大,对数字比较敏感,很喜欢数字游戏,所以是益智区的常客。在游戏评价环节,请王大伟讲述自己游戏时他兴奋地说:"老师没有教过的数字我们都做出来了!我还能做到一百!"

大班是幼儿逻辑思维能力发展的关键期,感受数量关系对促进幼儿逻辑思维能力的发展具有重要意义。教师要多投放有趣的数字操作类游戏,提高幼儿的学习兴趣,促进幼儿逻辑思维的发展。

三、火车火车往哪儿开?

今天要玩一个语言游戏,要求能说出自己去过的地方,幼儿听说要玩开火车的游戏很是高兴,积极回想自己去过的地方:北京、昆明、洗马河、中国茶城观景台等等,但说得最多的是各个超市和游乐场。我说明了游戏规则和带幼儿念了几遍儿歌,教师先扮演"火车头":

教师:我们的火车出发了!

幼儿:火车火车往哪儿开?

教师:火车火车开×××(地名)

幼儿:火车火车谁来开?

教师:火车火车×××(幼儿名)来开(教师邀请这名幼儿在队伍前面扮演火车头,游戏反复进行直到全班幼儿变成一列火车)。

要求前面"火车头"说过的地名后面的幼儿不能重复说。

开始玩儿游戏,全班幼儿拍着小手跟我念问答儿歌,我先请了女孩儿杨雅,她又请了一个女孩儿,请到的幼儿愉快地比划着开火车的动作带着"火车"往前开,如此反复了8次都是女孩儿,幼儿一遍一遍重复的问答,有的男孩儿看看还有好几个女孩儿坐着,一直没有轮到自己就一脸失望，念儿歌的声音越来越低，没有了兴趣。我正想要怎样激发幼儿的游戏兴趣，李林兴站起来很不高兴地说："滕老师，她们只请女孩儿，我们一直不能玩儿，这个游戏不好玩儿！"我问："那要怎么办？"只见他转转眼珠子说："我有一个好办法，就是先给女孩儿做火车玩儿，我们男生做山洞造型给女孩儿钻山洞，然后她们做山洞造型我们来钻！怎么样？"没等我说好，孩子们都高兴地拍起手来，就这样愉快的更改了新的游戏方式。只见男孩儿摆出各种造型的"山洞"，女孩儿积极的念着儿歌钻着各种造型山洞，男孩儿也是不停地变化"山洞"的造型，有一个人变的"山洞"，还有两个人、三个人、四个人组合的"山洞"。男孩儿女孩儿交换游戏时，我奖励了李林兴做第一个"火车头"，活动在幼儿尽兴游戏后愉快结束。

此游戏的目标是让幼儿熟悉本地地名和培养幼儿爱家乡的情感，游戏设计的初衷是好的，但是没有考虑到一次只上一个"火车头"，全班有三十多个幼儿，难免等待时间太长，一个问答儿歌要念三十多遍也会疲劳，再说地名不重复也是有难度的，幸好李林兴提出了新玩儿法，幼儿游戏的情绪一下被点燃！

游戏是幼儿的基本生活方式，在游戏中教师要为幼儿创设更自由和谐的氛围，为幼儿的发展提供支持和保障，支持幼儿按自己的兴趣、需要和生活经验进行创造性的活动，按自己的意愿设计和生成新的游戏，让幼儿在游戏的过程中彰显自由、和谐和创造的"游戏精神"。

四、老师，我给他两次机会

大家都在专心的玩儿着自己的区角游戏，突然小宝跑过来大声说："老师！我不要和高俊志玩儿积木了！我不要和高俊志玩儿积木了！"我问："怎么了？"他说："高俊志不会搭楼房，还把我搭的楼房弄倒了。"这时只见高俊志搓着双手、挪着小步子、低着头向我们走来，小宝一见他就用手指着他气愤地说："就是他！就是他！"。我轻声地问高俊志："怎么了？"他内疚地说："我不是故意的，我想玩。"又转过头对小宝说了声"对不起"，我对小宝说："你看，高俊志已经知道自己错了，你们俩也是好朋友呢，要不要再给他一次机会？"小宝低着头想了一下说："老师，我给他两次机会。"

经过了解，是两人一起搭高楼，但是高俊志放积木到高处时手没稳住，反而把高楼压倒了，小宝看着好不容易建起来的高楼还没来得及高兴就倒塌了，所以很是气愤。

当幼儿发生冲突情绪很激动时，教师首先要稳定孩子情绪，问清楚原因，多用“怎么了？”“为什么？”“怎么办？”来引导幼儿自己解决问题，帮助幼儿在解决问题中不断成长。在“老师，我给他两次机会”中看到孩子纯洁善良的本性，老师一定要保护好幼儿这种人之初的本性，为传承中华优秀品德做出努力。在游戏中鼓励幼儿合作游戏，体验合作游戏的快乐，促进幼儿人际交往能力的发展。

五、你是老师，这个问题你来回答

这段时间孩子们对脑筋急转弯的游戏很感兴趣，这天我又用餐前时间让孩子们玩儿脑筋急转弯的游戏，刚说完子瑜立马举手说：“我会我会！”我就请他来说大家答，他说：“早晨醒来做的第一件事情是什么？”有几个幼儿抢着说：“睁开眼睛！”

五岁的孩子正是逻辑思维能力发展的关键期，脑筋急转弯的问题和答案都很有趣，在回答问题的过程中能让幼儿积极思考多样性答案，这对促进幼儿逻辑思维能力和想象力的发展很有好处，所以我经常利用碎片时间给幼儿玩儿这个游戏。子瑜在看到没有幼儿能回答出问题时把问题抛给老师，说明子瑜能及时发现问题，更有机智解决问题的能力。

陈鹤琴先生提出“幼稚园课程应以儿童环境为中心”，说明我们既要为幼儿创设良好的物质环境，更要为幼儿创设良好的精神环境，因为良好的精神环境对幼儿个性情感和社会性的发展起着非常重要的作用。只有教师在一日活动中注重和幼儿建立宽松、真诚、平等的师幼关系，经常与幼儿进行积极有效地交流，帮助幼儿建立自信心，才会出现幼儿敢于要求老师回答问题的想法和行为。所以教师应注重创设愉快和谐的精神环境去感染幼儿，使幼儿的一日生活心情愉悦，知识丰富，思想发展。

看到幼儿在我用心培育下快乐成长，这种油然而生的职业幸福感会延伸到生活中，让生活也变得很美好。

用心工作、快乐生活！

六、我给老师倒水了

自由活动时间，我说："小宝，去给老师倒杯水！"小宝高兴地跑去洗手，过来拿着我的杯子，然后骄傲地对旁边的幼儿说了一句："我给老师倒水了！"但好多小朋友没有听到，听到的也没有在意，然后他就到自动降温的饮水机上给我接了满满一杯水，回来的路上还一遍遍和走过他身边的人说："我给老师倒水了！"看到旁边的笑笑没有理他，他伸出手就给了笑笑一拳，笑笑委屈地看着我。

小宝是父母 40 多岁才得到的独生子，大龄得子很是宠爱，也养成了孩子任性不讲道理、高傲自大、稍不满意就打小朋友等不良行为，每天都有多个幼儿状告他打人、抢玩具等等各种事件。为了他的健康成长，我有意带他观察小朋友叠放椅子的手、擦桌子的手、给花浇水的手等等场景，让他明白手是做事情的不是打人的，老师和小朋友都喜欢做事的手，再请他和小朋友一起完成任务，及时当众表扬他，帮他树立正面形象，改变他在小朋友心中爱打人的烙印，慢慢地他变得基本能和小朋友友好相处，很少打人了，在这个过程中我和他也建立起了相互信任、和谐的良好关系，他打人的事件明显减少。

我的付出很快就有了回报，有一次我刚喝完杯子中的水，他看到了，马上过来说："老师，我给你倒水吧！"我高兴地把杯子递给他，他为了表达对我的爱意，他接了满满一杯水，我一口气喝光了这杯水，看到他幸福而满足的微笑，从此后我想喝水时都会给他更多表现的机会。孩子也需要尊重和被认可，但是一定要帮助幼儿辨明是非，表扬一件事就是做得好的那一件事，做好一件事不等于做好所有事，只有不断努力才会做好更多的事，让自己变得越来越好。

七、谁的进步更大些?

我看到高俊智这段时间很有进步，为了固化这些良好行为，就在餐前谈话时对着全班幼儿表扬他："我发现高俊智这段时间每次静息都很好！还会帮助小朋友抬椅子，也能和小朋友友好相处，进步很大，希望你一直要保持哦！我们表扬表扬他！"全班小朋友都对他拍拍手竖起大拇指说："嗨嗨你真棒！嗨嗨你真棒！"

这时李凌星走过来拉着我的手悄悄对我说："老师，我和高俊智谁的进步更大些?”我摸着他的头说:“目前你的进步更大些,因为你今天能在地图上找到大公鸡一样的中国图,还知道北冰洋在哪里。但是你不能骄傲哦,因为需要学习的知识还很多!”他满足地说:“我不骄傲。”

之前的李凌星是班里的霸主,谁也惹不起他。早操不做,站在最后一排,搅得旁边幼儿也做不成操;上课经常不听讲,不仅自己不听,坐在他旁边的幼儿也听不了;自由活动时间就是他的天下,经常打人、强抢玩具等等,小朋友见他就怕。经过仔细观察我发现李凌星喜欢做手工,做得很快还很好,回答问题时能想到多种答案等优点,抓住这个契机不断给他制定力所能及的小目标,多表扬和鼓励他,向他表达我对他的喜爱,以子瑜为榜样要他多学习,后来他和子瑜成了最好的朋友,现在变成一个爱学习、有责任心的小朋友,也是老师的得力小助手。

每个班几乎都会有这样的“大将”,作为老师要引导他们正确和朋友相处,在一次次感情的交流中,萌发他们爱的情感,体验朋友间友爱的美好感受。同时,让我感受到爱的力量是如此巨大,我也用爱留下了一串串坚实的脚印。

八、我想拉着子瑜的手!

户外游戏结束了,小朋友们要拉成一个圆圈做放松活动,男孩儿老是拉不好,我正要责问他们时听到京宝大声哭了! 我问:“又怎么了?”京宝说:“我想拉子瑜的手!”但是有三个男孩儿在抢子瑜的手,想和他一起拉圆圈,京宝没有抢到就哭了。我很奇怪京宝和子瑜他们几乎不在一起玩儿的,今天却几次要拉子瑜的手,回到教室,我把子瑜和京宝叫到一起了解情况,京宝说:“我想拉子瑜的手,想和他一起玩儿。”子瑜把头一扭:“哼,我才不想和你玩儿!”京宝很难过。我想了想说:“京宝想和你玩儿,说明你很优秀啊,李凌星在你的影响下越来越好了,你再和京宝做朋友吧。你对他有什么要求就告诉他,如果他做不到就不和他做朋友,怎么样?”子瑜想了想对他说:“那你以后不要老是说说说的话多,也不能自己选要当什么奥特曼,我说你当什么就当什么,如果不听我就揍你!”我不让他揍人,又问京宝:“你能做到吗?”他点点头。之后一整天的自由活动时间我都看见子瑜带着京宝玩儿。

子瑜聪明、有组织能力,经常会想到一些好玩儿的游戏组织好朋友一起玩儿,所以想和他玩儿的小朋友越来越多,在班里有很大的影响力。

京宝也喜欢和小朋友玩儿，但是他会直接进入别人的游戏中，小朋友经常误会京宝捣乱而引发争吵，所以多数小朋友不喜欢和京宝玩儿。今天京宝的行为让我很惊喜，至少他知道自己想要什么，并勇敢争取。希望在子瑜的带领下学会怎样和小朋友友好相处，感受到集体的温暖和快乐。

三、教师专业发展的阶段

教师的专业发展分为职前准备、生存期、巩固期、复兴期、成熟期五个阶段（图 2-2）。

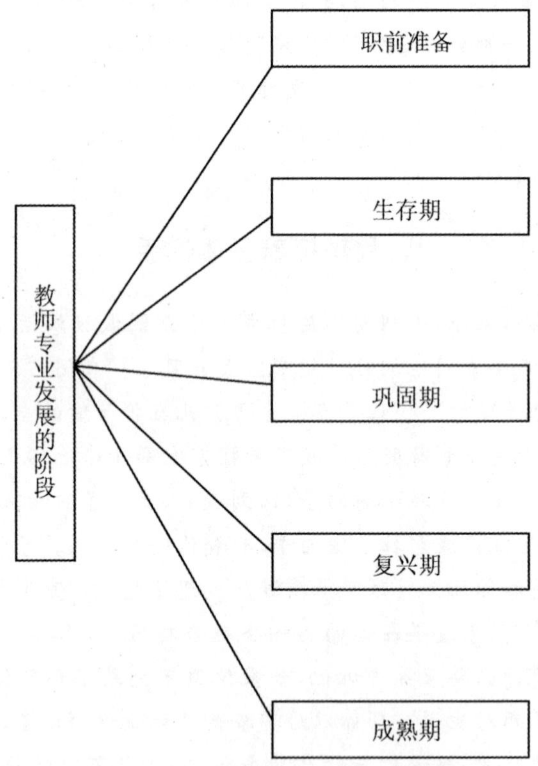

图 2-2　教师专业发展的阶段

(一)职前准备

在师范院校或综合性大学学习或接受教育理论和实践的培养训练，是教师职前准备阶段。在这个阶段准教师们必须学习相关的教育理论，参加教育见习、实习的实践锻炼，开发并形成教师职业所需要的行为习惯和技能。

幼儿教师的职前准备尤其要重视培养对幼儿的情感，学习儿童身心发展的相关学科理论知识，掌握幼儿教育教学的理论与技能技巧，建立幼儿教育的科学理念及教育信念。

(二)生存期

刚入职的新教师面临着由师范生(或仅有教师资格证的人)向正式教师角色的转换，需要教师在教学实践过程中对理论、实践及其关系进行反思，以克服对于教学实践的不适应。尽管这一阶段的教师有很高的热情，但他们可能会因为在这一专业的工作现实而感到沮丧或者紧张不安。

这一阶段教师专业发展应主要围绕其日常困境来开展，帮助他们学习如何在实践中应用所学的策略和方法，支持与肯定他们的教学能力、教学动机。还可以通过鼓励、技术支持和技能培训等方式来为这些新教师提供有价值、有效的服务。

(三)巩固期

这是教师专业结构诸方面稳定、持续发展的时期。这一时期的教师对专业发展的重视，多是因为进修专业的要求，是为了更好地完成教学任务，以获得职业阶梯的升迁和更高的外在评价。

这一阶段大多数教师已经掌握了开展班级日常工作所需要的基本技能。他们开始关注那些没有达到预期发展水平的儿童或者影响班级管理的有特殊问题的儿童。这一阶段专业发展主要通过让这些教师和新教师分享已经掌握的知识、技能或者已经完成的任务等方式来展示他们的价值。同时为他们提供能够解决有挑战行为或者发展迟缓儿童的问题的方法和途径，或者鼓励他们参加有指导性或自定步调的学习、相关会议或培训。

（四）复兴期

这一阶段的教师能够自如地处理与教学工作有关的日常任务以及有特殊需要的儿童。这些教师知道他们在教学上以及教育领域中仍然有许多需要学习的地方。他们自信，愿意尝试新事物，希望寻求更好的工作方式。他们有足够的基础知识来探索新的观点，并且对于检验他们的教育实践持开放态度。他们能从阅读材料、专业团体以及教育实践共同体中获益，他们同样喜欢那些能够探索新观点和运用他们所学来的新知识、新方法去帮助其他教师专业成长。

（五）成熟期

成熟期的教师专业发展动力转移到了专业发展自身，同时，教师已经可以自觉地按照教师专业发展的路线和自己目前的发展状况，有意识地自我规划，以谋求最大程度的自我发展。

成熟的教师不仅能够处理日常问题，还能处理班级中出现的复杂问题。这些成熟的教师经常是其他教师的导师，有些可能对方案发展或者管理任务感兴趣。许多处于成熟期的教师寻求培训别人的机会，将其作为促进自身发展的一种方法。

需要注意的是，教师专业发展的进程较慢，可能同时表现出几个发展阶段的特征，也可能会因为教学环境变化在不同阶段之间转换。因此，应该将教师专业发展阶段看作是相互关联的和不断发展的，这一点非常重要。

四、教师专业发展的特点

教师专业发展的特点主要包括以下几方面：

（一）独特性

每个人都是独一无二的生命个体，每个教师都有自己的教育观念、情感倾向、认知风格和心理素质等，因此，教师的专业发展带有明显的个人特征，具有独特性。这种独特性表现在专业发展的速度、程度以及发展的途径、方式和内容等方面。在教师专业发展过程中,有的教师这方面发展得好,有的教师那方面发展得不错;有的教师发展得快,有的教师发展得慢;有的教师喜欢通过这种方式来提升自己,有的教师则习惯于通过那种方式发展自身。每个教师在专业成长过程中受教学环境、知识经验、个性特点等多方面因素影响,会形成独具个人特色的知识观、学生观、教学观以及教学风格。

(二)自主性

自主就是自觉、主动地做事,即自己做主。教师专业发展的自主性主要表现在两个方面:

第一,发展的动力是内在的而非外在的,是"我要发展"而不是"要我发展"。教师能不能发展,通过什么途径发展,在哪些方面获得发展以及发展到什么程度等,最终都取决于教师自身。如果教师缺乏内在的需求、情感和意志,就难以产生动力。

第二,教师凭借自主发展的意识可以增强对自己专业发展的责任感,不断寻求自我发展的机会,逐渐获得自我发展的能力,从而进行富有创造性的教育教学实践。

(三)阶段性

教师的专业发展过程具有明显的阶段性,在不同的发展阶段,教师会呈现出不同的发展动机、需求、水平和结果。教师专业发展过程的各个阶段不是彼此孤立、互不联系的,而是相互衔接且螺旋上升的。

(四)情境性

教师专业发展必须与教学实践、教育情境相联系,因为教师理解专业知识离不开对教育教学活动的感悟,增强专业技能离不开在教育教学实践中的历练,专业信念的巩固更是离不开教育教学情境的陶冶。教师对教育教学问题的识别,对能够做什么及需要怎么做等问题的判断,皆受制于特定的情境。教师专业发展是教师与工作情境互动的过程。教育情境具有不确定性,也富有挑战性,教师需要通过观察和反思复杂教育情境中各要素及其动态的关系,不断学习、迁移、重组、传承和转化知识,才能获得发展。

（五）终身性

教师专业发展是一个长期的、贯穿教师终身的持续发展过程。这主要表现在以下两个方面：

第一，生命个体的不确定性和生成性决定了教师专业发展具有终身性的特点。教师自身处于不断发展的过程中，教师的成熟只是相对的，发展才是绝对的，教师专业发展贯穿教师职业生涯的始终。生命不止，发展不息。

第二，知识的不确定性和高更迭性决定了教师专业发展具有终身性的特点。知识日新月异、教学环境瞬息万变，教师只有不断更新观念，以终身学习为基本理念，拓展知识面，完善知识结构，磨砺思想品格，沉淀人文底蕴，提升专业素养，才能适应不断变革的社会对教师职业的要求。

第二节　幼儿教师专业发展的内涵

一、幼儿教师专业发展的概念

幼儿教师专业发展是幼儿教师在其专业生涯中，习得幼儿教育的专门知识与技能，内化幼儿教育的专业规范，形成幼儿教育的专业精神，表现专业自主性并实现专业责任的历程。

第一，幼儿教师专业发展是动态持续的，贯穿于整个幼教生涯过程中。专业发展强调幼儿教师作为专业的幼教人员，要经历一个由不成熟到成熟的发展历程，在教育教学过程中，不断获得教育专业知识，提高教育能力，表现专业道德并逐步提高自身专业素质，成为一名优秀教育人员。

第二，幼儿教师的专业发展需要教师通过个人的努力去促进、提升或改进自己的专业素养，每一位学前教师都是自己专业发展的主人。

第三，幼儿教师的专业发展需要外部环境的支持，幼儿园应采取多种途径，创造良好的环境，从而有效促进教师的专业发展。

二、幼儿教师专业发展的条件

(一)教师自我专业发展的意识和需求

教师本人具有一定的主观性和能动性,能够经常将专业发展的有关理论与自身发展现状结合,对照自己过去的专业发展轨迹和目前的实际提出今后的发展计划,并大胆实践,当教师的专业发展意识转化为专业发展需求时,就会增强专业发展的责任感,主动通过学习、实践、研究等不断获得专业发展,能够自觉在教育教学情境以及日常生活中寻求发展。

(二)教师的终身学习和教学实践

1. 教师的终身学习

终身学习是教师专业发展的重要条件。因为不善于学习的教师很难培养出适应未来社会的善于学习的儿童,也很难在专业发展中取得长足的进步。只有具备终身学习理念,才能按照专业发展的要求及时做出专业学习的决策,如需学习哪些内容、怎么学习等,以帮助自己不断成长。

2. 教师的教学实践

幼儿园的教学实践是教师专业发展的重要条件,教师的专业发展关键在于实践性知识的不断丰富。幼儿园教育教学具有较强的情境性,面对身心发展尚未成熟、生动活泼、不断变化的教育对象,幼儿教师在实践教学中不断获得教育智慧,积累组织教育活动的经验,观察幼儿的行为表现并做出适合教育规律的反应,从而促进自身的专业化发展。幼儿园的教育工作是复杂的,教育对象尚未发展成熟,因此需要教师在教学实践中不断学习,不断总结和反思,善于在教学中学习。

(三)良好的幼儿园环境

专业发展除了教师自身的努力外,还需要幼儿园为教师创造促进发展的良好的外部条件。幼儿园要提供多样化的教研活动和培训，使幼儿教师可以和拥有不同观念及经验的教师相互交流各种幼儿教育问题，分享教育经验，鼓励教师在日常工作中发现问题、提出问题并对问题进行分析和诊断，找出解决的方法。这样的科研工作可以促使教师不断学习、反思，教师的知识得到拓展，经验得以丰富，专业化水平随之也会得到发展和提高。

三、幼儿教师专业发展的阶段

幼儿教师专业发展的阶段如图 2-3 所示。

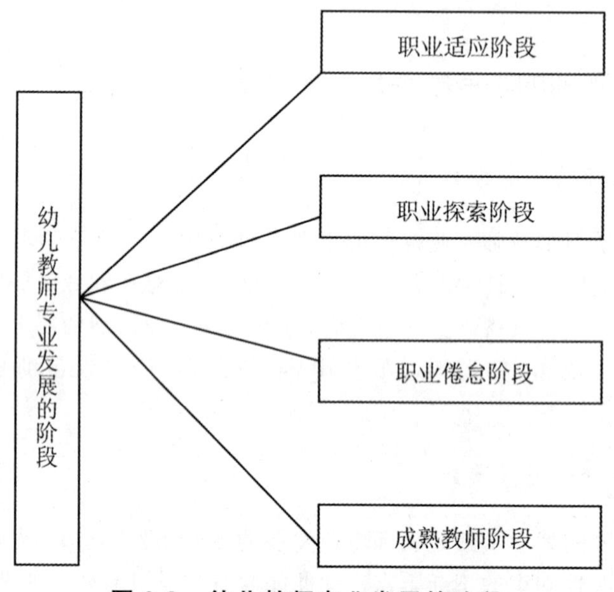

图 2-3　幼儿教师专业发展的阶段

（一）职业适应阶段

职业适应阶段是指刚踏入工作岗位的新教师，这些新教师大都毕业于师范院校，但由于缺少教学经验，因此在教学中常常不知所措，处于消极应对的状态。在这一阶段，新教师最关心的问题就是自己能否适应新的工作环境，孩子们会不会喜欢自己，能不能管住孩子以及能不能组织好教育活动，等等。对于新教师而言，这一时期的主要任务是通过一定

的教育实践,完成理论与实践的初步结合,尽快适应幼儿教师的各项工作。对初任教师专业发展建议与指导如下:

1. 尽快完成角色转换

对于新教师来说,进入工作岗位的第一年是非常重要的,对新工作的适应程度、与其他教师的关系、对教育教学活动的控制能力都会影响教师日后的工作信心。在这期间,新教师需要尽快由学生向教师角色转变,明确教师的职责与要求,树立教师的形象,学习教师的职业规范等。另外,还要多向经验丰富的老教师学习处理幼儿之间各种问题的方法,用所学的理论指导自己的教学工作。

需要指出的是,角色转换并不是一件容易的事,新教师从听从安排到独立完成工作,这是一个很大的转变。在学校中,学习的都是书本上的关于幼儿身心发展特点、教育活动的组织方法、与家长沟通的技巧等,进入工作岗位后,面对生动的教育对象以及真实的教育情境,工作中产生一定的困惑和压力是正常的。作为新教师,要正确面对压力,积极调整自己的心态,尽快度过职业的适应期。

2. 积极主动地工作

作为一名新教师,首要的任务就是在工作中多看、多听、多问、多干活、多思考。幼儿园的主要内容包括保育和教育两方面,虽然班级中配备保育教师,但幼儿园的日常工作烦琐,保教密不可分。新教师要在工作岗位上,踏实做事,在自己的能力范围内给予其他教师适当的帮助,主动和其他教师沟通交流,以积极的心态认真对待工作中的每一件事情,以自己的实际能力赢得领导的重视、同事的接纳。

3. 外部支持

对于新入职的幼儿教师来说,还需要外部的支持和帮助。在安排工作时,幼儿园可以选择为新教师搭配经验丰富的年长教师,年长教师可以向新教师传递处理幼儿各种问题的经验和方法,指导新教师的教育活动以及班级管理工作等。幼儿园领导对新教师要以鼓励为主,针对教育活动中出现的问题要耐心指导,为新教师的成长营造良好的氛围。

（二）职业探索阶段

在度过适应期之后，决心留教的教师随着幼儿园教研活动的开展、公开课的磨炼、不断地培训学习，掌握了一些教育教学的技巧，逐渐进入专业成长的迅速发展阶段。这个时期教师不再忙于“应付”日常的各种事务，教师对自己的教育教学有了一定的目的性和计划性，开始形成一些自己的见解，累积自己的教学经验，也能够较为灵活地处理教育教学中的事件和问题。对处于这一阶段的幼儿教师的专业发展建议与指导如下：

1. 寻找自己的教学特色

在幼儿教师专业成长的第一阶段，教师组织教育活动的方式、处理幼儿之间问题的方法、与家长交流的技巧来源于经验丰富的其他教师。随着幼儿教师教育经验和教学知识的积累，对教育环境的熟悉和了解，教师应努力形成自己对问题的看法、与幼儿交流的方式方法，在教学内容的处理、教学方法的选择、教学语言的使用上努力形成自己的风格。[①]

2. 提高教育质量

在教师掌握了一定的教育教学技巧后，所思考的问题主要是“如何提高教育活动的质量”。幼儿园教育活动目标的设立要依据本班幼儿的年龄特点，内容的选择要贴近幼儿的生活，吸引幼儿的兴趣；活动过程要能引导幼儿积极参与，体现幼儿的主体地位，以游戏为主要方式，活动效果要能促进幼儿的发展，等等，教师应努力从教育活动的各环节去思考，不断提高教育活动的质量。这一阶段，教师要把理论上的幼儿发展特点和实践相联系，根据孩子的特点和需求去设定活动目标，学习五大领域活动的内容以及主要的教学形式，掌握教育活动应遵循的主要原则并在实践中不断去实施，进一步思考在教育活动中如何与幼儿良好的互动等。[②]

---

① 杨香香．幼儿教师专业发展[M]．长春：东北师范大学出版社，2014.

② 同上．

（三）职业倦怠阶段

教师职业倦怠是指教师个体因长期未能有效地缓解工作压力，妥善应对工作的挫折，处理各种矛盾冲突而导致的身心疲惫的状态。教师的发展纵贯整个职业生涯，期间有高潮也有低谷，而教师职业倦怠是教师专业发展历程的一种自然现象。幼儿教师工作的内容包括保育和教育两方面，除了促进幼儿的发展外，还要照顾幼儿的生活起居，注意幼儿的安全，从而容易在教学过程中产生倦怠。职业倦怠不仅仅影响教师的工作，还会影响教师的心理以及家庭生活。职业倦怠是教师专业发展中的自然现象，无论是教师还是领导者都要认真分析原因，使教师尽快从职业倦怠的情绪中走出来，顺利度过低潮。作为教师个人来说，应认真分析原因，积极采取应对策略，尽快从职业倦怠的情绪中走出来，重新追求专业的成长。对处于这一阶段的幼儿教师的专业发展建议与指导如下：

1. 建立社会支持系统

社会、幼儿园及家长要对幼儿教师抱有合理而非不切实际的期望，以减少幼儿教师的压力。另外，近年来幼儿教师虐童的事件频现，社会各界对教师的批评增多，但应该认识到这样的案例毕竟是少数，所以应该营造一个信任的、支持的氛围，减少对教师的批评和抨击，否则幼儿教师会很容易产生压力和倦怠感。

2. 正视压力，学会放松

教师要认清自己的工作环境，在幼儿园这样一个环境里，有的只是无数“鸡毛蒜皮”的小事。幼儿教师日复一日地重复着相同的工作，整天担心着孩子的安全，为各种评比活动忙碌着。但幼儿教师也要认识到，只有在幼儿园才能看到最清澈的眼睛，最天真可爱的孩子。所以在工作中感到压力、感到烦躁是正常的心理现象，幼儿教师要学会在紧张的教学工作中调适自己，缓解压力，如可以坚持体育锻炼来减轻压力、愉悦身心，另外也要积极地寻求社会支持，经常和家人、朋友交谈。①

① 杨香香．幼儿教师专业发展[M]．长春：东北师范大学出版社，2014.

（四）成熟教师阶段

教师通过前面几个阶段的发展，逐渐走向成熟，当然，教师步入成熟阶段的时间不一，所谓“成熟”也是相对的概念。幼儿教师步入成熟阶段以后，他们能逐步地肯定自己的能力和角色，自信心和自我效能感不断增强，逐渐形成比较稳定且具有个人特色的教学风格。处于成熟阶段的幼儿教师积累了丰富的教育教学实践经验，能够提出一些比较深刻的、抽象的、要求反省和探索性的问题，在教育方法的选择、处理幼儿间的问题、和家长的沟通交流等方面均拥有了个人成熟的见解。对处于这一阶段的幼儿教师的专业发展建议与指导如下：

1. 加强学习，自我提升

进入成熟阶段的幼儿教师取得了较大的成绩，其中有许多人晋升为高级教师，然而在快速发展的信息社会，如果不经常学习，就会不适应教育教学的工作。当教师在前面三个阶段积累了丰富的实践经验，形成自己的教学方式和风格后，一方面有利于教学效率的提高，另一方面又容易产生思维定式，阻碍教育的创新。这一阶段，教师要自觉学习先进的幼儿教育理念，用先进理念指导教学工作。

2. 在行动中研究总结

幼儿园是教师进行实践研究的宝贵基地，幼儿一日生活中的问题，班级常规的建立，对特别儿童的观察，对教育活动的反思进行总结，幼儿教育与小学的区别，等等，这些都可以成为研究的问题，可以在研究中寻找解决问题的方法，使理论知识与实践经验相结合，从而不断促进自己的专业发展。

四、幼儿教师专业发展的结构

（一）合理的专业知识

专业知识是幼儿教师走向专业化的前提与基础，合理的知识结构是教师专业发展的核心。概括来说，幼儿教师的专业知识应包括以下几方

面内容:

1. 学前教育的专门知识

幼儿教师要想做好教育教学工作,必须要掌握学前教育学、幼儿园教育活动设计与指导、学前儿童游戏及学前儿童健康、语言、科学、社会、艺术五大领域等关于学前教育方面的专门知识。从而理解和贯彻学前教育的任务,明白儿童应该学什么、怎样学,会根据儿童的发展特点和兴趣设计与实施五大领域教育活动,才能指导儿童的游戏。

2. 幼儿生理、心理学方面的知识

幼儿教师要做好幼儿教育工作,首先要系统掌握儿童生理学和心理学等方面的科学知识。儿童生理学和心理学知识是对儿童进行教育的依据,是幼儿教师知识结构中最重要的部分。如果缺乏这方面的知识,教育活动便失去方向和目标,不能达到促进儿童发展的效果。

3. 广博的文化、科学和艺术知识

幼儿教育是奠基教育,处于学前期的儿童对周围世界充满了好奇心,他们渴望认识周围世界,迫切希望从成人那里寻求答案,因此会提出各种各样的奇怪的问题,为了保护幼儿的好奇心,教师不能敷衍或是忽视孩子的问题。因此,为了启迪幼儿的智慧,熏陶幼儿的品德,幼儿教师必须具有广博的文化科学知识和艺术知识,以便能通过具体的手段来启发、引导和感染幼儿。同时,一定的文化科学和艺术知识,也是提高专业素养所必需的。

(二)应具备的专业能力

1. 观察和了解儿童的能力

每一个儿童都具有独特性,不同年龄阶段的儿童发展特点不同,幼儿教师要时时观察儿童,了解儿童的特点、兴趣、发展需要,另外,还要观察儿童的心理活动,从而抓住契机展开教育活动,才能收到较好的教育效果。

2. 与幼儿和家长沟通的能力

与幼儿良好的沟通不仅有助于了解幼儿,融洽与幼儿之间的关系,而且沟通为幼儿发表自己的看法、与教师交流、锻炼幼儿的语言和交往能力提供了机会。家庭是幼儿生活的重要环境，家庭和幼儿园的教育应一致，才能起到教育合力的作用。所以家长应积极配合幼儿园教育，而教师也应经常和家长沟通，交流正确的教育方法。另外，家长是重要的教育资源，幼儿教师要调动家长参与幼儿活动的积极性，为班级提供丰富的活动材料。

3. 设计教育活动的能力

幼儿教师要根据幼儿的兴趣和接受能力，选择恰当的方法，设计教育活动，促进幼儿体、智、德、美全面和谐发展。设计符合幼儿特点、有效促进幼儿发展的活动，是幼儿教师必备的能力之一，也是教师智慧的体现。

4. 组织管理能力

幼儿园的一日活动是丰富多样的，如何合理计划、科学安排儿童的活动，有效促进儿童发展，需要幼儿园教师具有一定的组织管理能力，主要表现为制订班级的教育工作计划、检查教育教学效果的能力；设计和布置幼儿园环境的能力；组织幼儿各种游戏活动的能力；与家长、社区合作、交往的能力等。教师的组织管理能力是在学习和工作中有意识地锻炼而逐步提高的。

5. 教育研究能力

为了提高学前教育的科学性，促进、深化教育改革和发展，幼儿教师还必须具有一定的教育研究能力。教师具有教育研究能力，可以缩短理论与实践的距离。幼儿教师应具备的教育研究能力主要表现为学习筛选、评价、运用教育研究成果；概括总结自己的教育实践经验；收集、整理、利用各种资料；掌握教育科学研究方法等。

6. 反思能力

反思是理论和实践的对话，是沟通“所倡导的理论”与“所采用的理论”的桥梁，是新的教育观念转化为教师行为的关键。

(三)良好的专业态度

1. 爱与尊重儿童

教师热爱和关心儿童的程度对儿童的发展影响极大。幼儿教师对孩子的爱,是幼儿教育工作的重要条件。培养和教育儿童是长期的、复杂细致的工作,只有真诚地爱护儿童,才能了解和亲近儿童,才能采取适当的教育内容和方法,调动孩子的积极性。另外,幼儿教师不仅要热爱儿童,也要尊重儿童。儿童和成人一样,具有独立的人格,儿童也有自己的想法和需要。在工作中,教师应该尊重不同儿童的发展特点,尊重儿童的观点,不得随意惩罚和体罚儿童,不用语言辱骂儿童。

2. 热爱学前教育事业

幼儿教师要正确认识自己的工作,只有对幼儿园的工作有正确而深刻的认识,才会热爱幼儿教育事业,才会有自豪感、责任感、事业心,愿意用自己的青春和毕生精力为学前教育事业做出贡献。

幼儿园的工作是琐碎和平凡的,教师面对的教育情景是复杂多变的,只有热爱幼儿教育工作,才会不辞辛苦,不怕麻烦。热爱学前教育事业是教师良好专业态度的前提。

五、幼儿教师专业发展的途径

幼儿教师专业化发展是一个长期的过程,是一个终身学习的过程。在这个过程中,幼儿教师需要把在学校里习得的儿童身心发展规律、组织教育活动的方法应用于实际的教育活动中,使科学的理念转化为真正的教育行为。幼儿教师要在实践中不断学习,积累经验,促进自己的专业发展。总体来说,幼儿教师专业成长的途径主要包括以下几方面:

(一)自我反思

自我反思是幼儿教师通过回顾自己在活动中的观念和行为,运用理论阐述,解决发生的问题,并能有效运用到日后教育实践中。教师由于日常教学工作烦琐，在一日生活中有时忽视幼儿的需求，有时会对幼儿之间发生的问题处理不妥等，而反思能够使教师回想自己的表现，从而促进自己的专业发展。幼儿教师自我反思的内容十分广泛，一般来说包括一日生活中幼儿出现问题的原因，教师处理问题的方式，教育活动的过程，教师的语言、行为，对幼儿的态度，幼儿在活动中的表现等。

（二）教研活动

教研活动是人们在一定理论的指导下，对教育领域内的各种现象和问题的解释、预测和控制，以促进教育理论体系的建立和发展，并且着眼于解决实际问题的实践过程。教研活动通常是以教研组为单位开展活动，教研组是以教师为主体的基层教学研讨组。教研活动是教师之间的一种经验分享，经验丰富的教师可以分享教学的经验，以及处理幼儿之间问题的方法技巧等，而年轻的教师能提出一些大胆、有新意的想法。教研活动可以集中大家的智慧，经过思维的碰撞，共同找出解决问题的方法。

（三）教育行动研究

教育行动研究是针对日常教育情境中出现的各种问题，幼儿教师在一起研究实际情况，从而得以解决教学问题，改进教学工作的一种研究方式。教学一线的幼儿教师会由于理论水平的限制而遇到各种各样的困难，幼儿园可以利用当地的资源，和高校教师联合教研或请理论专家来园指导，他们的专业知识和研究技能会为幼儿教师指点迷津。

（四）终身专业学习

幼儿教师面对的是身心快速发展、想象力和创造力极其丰富的儿童，也面对着各种不同的教学情境，幼儿教师不仅需要用自己的智慧去解决问题，还需要用科学的理论指导实践教学。有效地学习能拓宽教师的视野，掌握先进的教育方法，不断促进教师的专业发展。幼儿园应为教师提供学习的机会，不断更新教师的专业知识，另外，教师自身也要加强学习的主动性和积极性。

第三节　幼儿教师专业发展的环境分析

一、政府有关幼儿教师专业能力发展的政策环境

国家单独制定幼儿教师教育标准,地方政府也为幼儿教师专业能力发展提供了相应的政策环境。为了更清楚地认识这一问题,我们对学前教育的历史沿革进行回顾。

(一)幼儿教师称谓的变更

从幼儿教师专业发展视角出发,我们关注的第一个问题就是人们对幼儿教师这个职业群体的称谓方式。在不同的时代,在不同的政治经济和文化背景下人们对幼儿教师的称谓,直接反映了人们对幼儿教师职业的认知,也反映了人们对幼儿行为与活动理解。这些由历史文化造成的观念上的差异也极深刻地影响着人们对幼儿教师职业性质、社会地位、专业化程度的判断,当然也就会影响人们对幼儿教师从业要求、入职标准以及幼儿教师具备的知识与能力结构的认知。人们对幼儿教师职业认知就经历了从"阿姨"到专业"教师"这样一个变化过程。

1."略知文理"的保姆

在清政府颁布的《奏定蒙养院章程及家庭教育法章程》中有这样两段话"即于堂内划出一院为蒙养院,令其讲习为保姆者保育教导幼儿之事""本地附近幼儿,其父母愿送入其中受院内教育者听,以便院中保姆练习实地保育之法"。从清政府的文件用词中可以知道清末蒙养院的师资被称为保姆,而保姆是不需要有什么文化的,也不需要有特殊的职业技能。1912 年,北洋政府教育部公布《师范教育令》,并规定女子师范学校应附设保姆讲习科。首次明确地提出女子师范学堂的两大培养目标:小学堂教师与蒙养园保姆。幼儿教师的地位得到初步确立。在此后的相当长时期,幼儿园的师资并不称为"老师",而是称为"阿

姨”。“阿姨”其实就是保姆的另一种称谓，只不过在“阿姨”这种称谓中带有了亲情意味。

2. 能歌善舞的“阿姨”

20世纪50年代后，我国的幼儿教育进入了有史以来的第一次快速发展时期。推动幼儿教育快速发展的直接原因是新中国的成立和我国妇女解放运动的极大成功。国家通过法律和行政干预，强调了妇女参与政治生活权，享有同样的工作权和受教育权。同时，国家通过意识形态、政治运动要求并动员妇女走出家庭参加社会工作。可以说，新中国的建立，妇女解放运动、社会经济活力的释放和社会文化事业的快速发展，都为学前教育的快速发展创造了良好的社会条件。中国学前教育事业的发展迎来了第一个黄金发展期。不过，幼儿园师资的称谓在官方文件中称为“教养员”，现在来看，教养员这一称谓的使用是有多种意味的。首先是政府给予幼儿园老师这种职业一个正式的名称，其次是政府明示了幼儿园教师工作性质是以保育基础的“保教并重，保教结合”的准老师。在民间，人们仍然习惯地将幼儿园教师称为“阿姨”。

3. 专业教师

1981年，全国学前教育资源总量比解放初扩大了很多倍，同年，教育部下发的《幼儿园教育纲要(试行草案》中，将幼儿园师资的称谓由“教养员”改称“教师”，开始将幼儿教师正式纳入教师系列。这一改变具有十分重大的历史意义，它意味着国家对幼儿园教育工作专业程度的肯定，意味着幼儿园教师这种职业是一种专门化的职业。它同时也体现了提高幼儿教师素养的要求与入职条件必然性。另外，称谓的改变也反映学前教育观念的变化，这种变化的核心也就是幼儿园教育目的、任务的变化，它的改变必然导致幼儿教育工作重心的调整以及由此带来的幼儿教师职业工作特性和工作主要内容的变化，它意味着幼儿园教师不再是“能歌善舞的阿姨”，而应该成为幼儿学习与发展的支持者与促进者。①

---

① 刘启艳，瓦韵青.幼儿教师专业能力发展策论[M].北京：中国财富出版社，2016.

(二)幼儿教师从业资格的变化

1. 幼儿师范的产生

1904 年,作为湖广总督的张之洞认为当时的湖北幼稚园和附设的女学堂与《奏定学堂章程》精神不符,便委托刘德馨为监督创办了湖北敬节学堂。挑选 100 名粗通文理的妇女进学堂保姆科学习,由日本教习讲授女子师范与家庭教育等科目,以培养家庭女教师。同时,又任命高凌蔚为监督建造育婴学堂,挑选了 100 名略识字的妇女入保育正科学习,委托日本女教习充任教员,讲授幼儿保育、幼儿教养等课程,并附设蒙受养院作为实习场所,开创了我国幼儿教师教育之先声。

民国初期,教育部公布《师范教育令》,并规定女子师范学校应附设保姆讲习科。这是由政府明文规定幼儿师资的培养方式,幼儿教师教育的地位得到初步确立。

2. 从三级师范到二级师范

20 世纪二三十年代是我国学前教育思想发展较快的时期。其中根本原因是五四运动给我国带来的文化思想和社会生活方式的重大变化。另一个重要原因则是西方教育思想的广泛传播。1919 年,美国进步主义教育家杜威应北京大学、尚智学会、中国公学等机构的联合邀请到中国讲学。杜威的足迹遍布大半个中国,留下了著名的《杜威五大演讲》等书籍,同时也打开了西方教育学者访问中国的先河。继杜威访问中国后,美国大批知名学者先后造访中国,这对中国社会尤其是对中国教育界产生巨大的影响,为中国教育的改革发展提供了强大的理论武器。学前教育理论建设与思想积累也就是从这一时期开始的,先后产生了如陈鹤琴、张雪门、张宗麟等幼儿教育家,他们对西方教育理论的传播、学前教育思想借鉴和对西方学前教育课程的本土化实践研究都为中国学前教育文化发展奠定了重要基础。而学前教育理论建设与教育思想积累正是幼儿教师专业化发展的内在要素。我国的第一所专门化的幼儿师资的培养教育机构是于 1940 年建立的。陈鹤琴在办幼稚园的过程中深受幼教师资匮乏的困扰,而当时的中国还没有一所专门的幼儿教师培养与教育机构。于是他接受了当时江西省主席熊式辉的邀请创建了江西省立实验幼稚师范学校。幼儿教师教育初步形成了一个具有中等和高等两个层次的框架，但是我国已经进入了艰苦的抗战时期，长期的战乱对我国幼儿教育和幼儿教师教育都产生了严重影响。1951 年 10 月颁布的“新学制”规定：培养幼儿园师资的师范学校称为幼儿师范学校，并规定师范学校和初级师范学校均得附设幼儿师范科，这是我国首次把独立的幼儿师范学校写进学制。到了 20 世纪 60 年代初，经过调整，中级幼师逐渐成为培养幼儿园教师的主要力量。改革开放后，我国社会经济实现了高速增长，无论是经济规模与经济水平都有了极大的提升，这就为我国教育的发展提供了良好的条件。在这些社会背景下，我国教师教育机构数开始了从三级师范向二级师范的过渡，我国中等师范学校逐渐退出教师教育体系，高师本科院校逐渐增加，研究生学历的教师培养规模日渐扩大。而幼儿园教师培养与教育主力机构——幼师也开始了从中师升格为大专，而各地高等师范院校也开始创建学前教育专业以培养更高层次的幼儿师资。①

3. 教师资格制度

教师资格制度是国家对教师实行的一种特定的职业许可制度，它规定了教师资格作为一种国家法定的职业资格具有很高的权威性，同时，它也规定了国家对从事教育、教学工作的人员在资格、学历、能力等方面应该具备的基本条件。在教师资格制度建立之前，教师职业的专业性没有得到应有的重视，教师入职资格缺乏统一标准，这种情况在幼儿教育领域更为突出，表现为幼儿教师整体文化素养、学历程度都比较低，相当多的幼儿教师仅拥有高中甚至高中以下的学历，且相当多的幼儿教师没有接受过专门化的幼儿师范教育。进入 20 世纪 90 年代后，国家社会发展战略的重心开始发生转变，提高我国文化教育的整体水平成为我国社会经济发展的重要方面和突出问题，当然，提高我国教育的质量和整体发展水平就必须提高我国师资的整体水平。1993 年，国家颁布的《中华人民共和国教师法》为建立国家教师资格制度提供了法律依据。实行教师资格制度对发展我国幼儿教师教育、提升幼儿教师学历水平和提高幼儿教师质量的影响是显而易见的。这些年，随着全社会对学前教育重视程度的不断提高，幼儿教师教育整体规模与质量的不断发展，幼儿教师学历水平与专业素质也将不断提高。

---

① 刘启艳，瓦韵青.幼儿教师专业能力发展策论[M].北京：中国财富出版社，2016.

4. 教师专业标准

早在1986年《中华人民共和国义务教育法》中就明确规定了“国家建立教师资格考核制度,对合格教师颁发证书”。1993年国家颁布的《中华人民共和国教师法》中就规定了教师是“履行教育教学职责的专业人员”,明确了教师的权利和义务,提出国家实行教师资格和任用制度,并对教师的培养与培训、考核、待遇、奖励等方面做出了明确规定。1993年,国际培训、绩效教学标准委员会(IBSTPI)制定了一个“教师能力标准”。该标准在出台后很快为全世界广泛接受,并成为许多国家制定本土化的、具有本国特色的教师专业标准的参照。

教师专业标准本质上就是关于教师基本的素质要求和教师从事教育、教学工作的行为规范,被人们广泛地运用于教师培训、培养、准入、考核等工作,成为衡量教师合格与否及教师专业发展水平与程度的重要工具。教师能力标准是对合格教师应具备的知识、技能和情感态度等方面的系统描述,这些知识、技能和情感态度恰恰就是教师顺利地开展专业工作和执行专业性任务素质基础和核心能力。①

2012年,我国教育部颁发《幼儿园、中小教师专业标准》,这份文件包括了《幼儿园教师专业标准》《小学教师专业标准》和《中学教师专业标准》三个部分。专业标准概括地反映了特定时代教育的基本思想和教学技术发展水平,同时,它也具有“评价”和“导向”两个方面的重要作用。如果说1993年《中华人民共和国教师法》的颁布标志着我国教师资格的法律建设的实现,而1995年《教师资格条例》产生标志着我国教师资格制度全面启动,《教师专业标准》的颁布为教师资格制度提供了政策层面的保障,同时,它为教师教育、教师准入、教师考核和教师教学工作提供了一套完整的通用标准与专业准则。

二、幼儿园内教师专业能力发展的生态环境

(一)幼儿教师专业发展学校

幼儿教师专业发展学校是帮助幼儿教师成长的重要平台。1986年,

① 刘启艳,瓦韵青.幼儿教师专业能力发展策论[M].北京:中国财富出版社,2016.

美国发布了两个国家报告，一是卡耐基基金会的《国家为21世纪准备教师》，二是霍姆斯小组的《明日之教师》，这两个报告都强调提高学校教育质量的关键在于吸引和培养一支优秀的教师队伍。霍姆斯小组后来在《明日之教师》《明日之教育学院》的报告中，提倡大学和基础教育之间建立更紧密的关系，诸如，通过建立专业发展学校来鼓励教师专业知识和技能的学习，重新设计未来教师的专业准备与专业发展，以保证高质量高水平的教师教育。

世界上第一所教师专业发展学校诞生于美国麻省的布鲁克林，随后在全美推行。教师专业发展学校的建立推动了教师教育职前职后一体化、教师教育终身化的进程。

幼儿教师是一种实践性、专业性很强的职业。建立幼儿教师专业发展学校的目的就是促进幼儿教师的专业成长，推动教师教育培养模式由分隔化向一体化转变，由阶段性向终身性转变。

幼儿教师专业发展学校的组织模式是一种大学与幼儿园合作的组织模式，幼儿园教师也可以担任大学学前教育专业课程的专题讲座教师或培训教师。由此可知，幼儿教师发展学校的教师充当临床大夫的角色，幼儿教师发展学校也就成为学前教育专业学生的临床学校。这所学校一边连接着幼儿园或其他托幼机构，另一边连接着大学的学前教育院系，它为大学和幼儿园创立了新型合作关系。

(二)幼儿园教师园本研修

1. 园本研修的概念

园本研修就是幼儿教师在幼儿园通过研究者形式实现自身的专业意识、专业精神、专业能力的修养，以实现自身专业发展的活动。园本研修主要研究在幼儿园中发生的问题，研究教师在教育实践遇到的问题，研究教师在专业发展存在的问题，研究幼儿成长的问题，研究幼儿园发展的真实问题等。

2. 园本研修的类型

(1)教师个人的自我反思

如果教师仅仅满足于获得经验而不对经验进行深入思考，那么他的专业成长将会受到极大的限制。与中小学教师相比较,幼儿教师外出进修学习提升自己专业能力的机会较少,在幼儿园的教育教学实践中,自觉进行反思尤为重要。

(2)教研文化——教师团队的“同伴互动”之生态环境

一个有教研文化的幼儿园,它拥有完善的教研组织架构,拥有高视点的教研管理和教研水平,有一套较为完整的能够体现本园特色的教研制度,会给每一位教师提供展示平台。当然,最重要的是有一支研究能力较强的研究团队,在园内形成良好的教研氛围。这种教研文化氛围是适合于教师专业能力发展的良好生态环境。

(3)专业人员的“专业引领”

幼儿教师是幼儿园课程改革的主体,可是教师们对自己的教育教学行为以及在教学过程中遇到的问题,往往难以逾越自身水平的局限而得不到有效解决,这就需要有专业引领来帮助教师提高自身的专业水平。专业引领的作用如下:

①在专业引领下可以转变思想观念

以前,分科教学、教师中心的教育思想大行其道,按照课程表来上课天经地义。而新课程则认为这是狭义的课程观,不适宜于现在的学前教育需要和幼儿的发展。因此,园本研修时可请专家做相关课改的讲座,引领老师们通过参与式学习方式领会课改精神,转变观念,从以教师为中心转变为强调幼儿主动学习,促进师幼有效互动,提高学前教育质量。

②在专业引领下,提高教育能力

在本园园长和教研组长的组织下,每位教师都参加研讨展示活动,在展示活动后大家进行集体反思,寻找各领域活动中有价值的东西,分析存在的问题和提出解决问题的方法与建议,相互学习,共同进步。

总之,幼儿教师由于自身水平的局限,在他们成长过程中离不开专业引领。但要看到教师是自身专业素质发展的主体,他们具有不断学习的动机和需求,要不断学习,在教育教学实践中自我反思,分析总结,才能促使自身的专业素质整体提高与发展。

(三)生态式管理——教师专业成长的平台

生态式管理是指管理者通过人力、物力、财力、信息、时间、空间等资源的生态组合,通过对组织系统的各方面、各层级进行协调,来实现组织的生存与发展。生态式管理强调为组织成员营造一个富有创新、合作、良性竞争氛围的工作环境,为组织成员的专业成长提供有力的支持平台。

(四)网络园本教研——信息化教研平台

通过网络,教师们既可以对教学活动方案设计进行研析,又可以对教学活动的实况视频进行点评;既可以集体讨论,又可以共同分享好的教学点子。

1."网上方案研析"的互动设计

"网上方案研析"是指以具体的活动方案为载体,老师们通过发帖、读帖,实现交流、互助、反思。首先,由教研组在网站上发布征集某课程设计方案,请大家积极参与设计方案,并把方案张贴在网站上。通过互评选出最佳方案。其次,教研组选定一位老师根据方案进行第一次授课,授课完毕,上课的老师张贴教学实录,其他老师通过网络对教学实录进行点评。最后,综合大家意见,上课的老师修改教学方案。这样,可以大大提高教师设计和组织教学的能力。

2."网上评课"的时空扩展

大多数教师能够到现场去观摩国内外、省内外名师的优质教学课的机会是很少的。为了解决这个问题,可以让外出听课、观摩的老师把名师的课摄录下来,然后把视频放到幼儿园的网站论坛上,以便所有老师都能去观摩学习名师教学的风采,并发表自己的见解和收获。

3."网络发布活动"的点子分享

为了帮助教师解决一日生活中遇到的各种问题,幼儿园网站可以开办以下专题栏目:

(1)"点子冲浪会"

此栏目的宗旨是解决教师在教育教学实践中遇到的问题或困惑。具体做法是:教师自由发帖,告诉大家自己遇到的困惑,其他教师回帖出谋划策,用鲜活生动的案例帮助解决难题。"点子冲浪会"能围绕问题或困惑,让教师们集思广益、群策群力,拓宽教师的思维空间。

(2)“亮点发布会”

此栏目将教师们的好经验、有创意的做法介绍给大家分享。这些亮点涵盖自己或他人在工作中的创新做法,同事的感人举动,一个设计新颖的教具等。发布者利用图片和文字说明,来介绍自己的观点、想法、经验。此栏目能够增强教研工作的引领性,营造了园本教研互助互学的良好氛围。

第三章　角色认知：幼儿教师的专业角色研究

学校教育对人的成长起着最为基础性的作用，教师质量的高低直接影响着人的终身发展。教师是向学生传递人类积累的文化科学知识和进行思想品德教育，把他们培养成一定社会需要的人才的专业人员。教师有广义与侠义的理解，从广义上讲，凡是把知识、技能和技巧传递给别人的人都可称之为教师；从狭义来说，教师则是经过专门训练，在学校从事教育教学工作的专门人员。要想从根本上提升教师的专业素养，促进教师的专业发展，就必须全面了解教师的角色，把握教师所承担的权利与义务。

第一节　教师专业角色概述

一、教师专业角色的概念

教师专业角色是指教师在教育教学过程中为实现与自身身份、地位相对应的权利和义务时，所表现出来的符合社会期望的态度和行为模式的总和。

二、教师专业角色的特征

教师专业角色的特征如表 3-1 所示。

表 3-1　教师专业角色的特征

特征	内容
主导性	教育价值的实现是要综合多种力量来实现教育的合力。一般来说,教育是需要教师、学生个人、集体学校、家庭与社区等共同努力来实现的,而这些力量的相互配合与协调的关键就在于教师。教师是各种教育力量的协调者,其主导着教育关系。不仅如此,教育还要按照社会的要求培养符合社会规范的人,教师代言社会,按社会的教育目的、教育内容和教育方法主导学生的发展,表现出较强的主导性特征。
示范性	一般的劳动都借助于特定的工具,并且工具与劳动者是分开的。教师的劳动虽然也需要借助于一些与自身分离的工具,但教师自身就是一种十分重要的劳动工具,即教师自己的思想、学识、能力、人格、言行等,都是重要的教育影响手段。教师劳动工具的主体性决定了教师劳动具有示范性的特点,而这一特点也决定了教师专业角色的示范性。在社会生活中,人们赋予教师的"楷模""榜样""引路人"等角色,其实都体现了教师专业角色的示范性。教师专业角色的示范性,要求教师要不断关注自己的风度仪表、言谈举止、知识修养思想品德等。
多样性	社会对教师的要求是多样的,赋予教师的专业角色也具有多样性。教师要培养学生成为一个合格的社会人,就要面临很多不同的情境,在不同的情境中要扮演不同的角色。在课堂教学中,教师是课堂的主导者;在学生的矛盾面前,教师是判断是非的法官;在处理学生违纪的问题上,教师又是个地地道道的警察。不仅如此,社会对教育不同的要求也是教师角色多样性的根源,社会需要塑造学生成为一个有用之才,教师就是授业者;社会需要管理学生的行为,教师就是控制者与惩罚者。
发展性	在不同的历史时期,社会对教师存在不同的要求,需要教师承担多种不同的角色,这就必然要求教师专业角色体现出发展性的特征。教师专业角色的发展性是动态的社会需求的外在表现,这种表现是对教师培养人的角色的再认识。在当前社会条件下,社会对人才规格的定位直接影响着教师专业角色的定位。变化的社会需要不同的社会人的规格,同时也必然要求有动态发展的教师专业角色。

第二节　教师专业角色的定位

从本质上来说，定位是一个动态的过程。教师专业角色的定位同样也是一个动态的过程，这一过程不但要考虑社会对教师的职业要求以及学生发展对教师的要求，还必须考虑教师的特性及教师自身的发展需求。这就决定了教师所承担的专业角色不仅是多元的，而且也随着社会进步和教育变革而展现出时代性和发展性。

一、传统教师的专业角色

在传统教育中，教师的角色是知识的传授者。德国哲学家、心理学家赫尔巴特是率先将哲学与心理学引入教育学研究的教育学家。在哲学方面，赫尔巴特指出，每个人都应有内在的自由观念、完美的观念、善意的观念、法律的观念和正义的观念"五种道德观念"。在心理学方面，赫尔巴特受莱布尼茨"单子论"的影响，强调感觉和经验以及观念的统觉。赫尔巴特认为，人的灵魂是一种不变的实在，灵魂通过肉体接收许多感觉，并和周围的事物发生关系，从而创造出自我保存的观念。观念是通过主体的内省来认识的，只能在经验中体验而不能实验。许多和谐的观念能联合成一个强有力的能吸收和谐材料并能使自身不断丰富的"统觉团"。在这种心理学的基础上，赫尔巴特认为，扩大儿童观念的途径主要是经验的积累和知识的传授。赫尔巴特以心理学为基础，提出了明了、联想、系统、方法四阶段教学法，后经他的学生将其发展为预备、提示、联系、总结、应用五阶段教学法。苏联教育家凯洛夫继承和发扬了赫尔巴特教育学传统。凯洛夫进一步论证了教师中心、教材中心和课堂中心的"三中心论"。赫尔巴特与凯洛夫的教育理论在教育史上被称为传统教育理论。在传统教育理论中，儿童存在着他们难以克服的问题与缺陷，他们的发展必须借助外在的力量，教师就是这种力量的体现。在教师与儿童的关系中，确实需要教师更多的指导与帮助，但学生并不是被任意加工的产品，他们作为教育的主体，有着自己的成长经历、自己的主体意识。在教育教学过程中,教师的教必须遵循学生身心发展的规律,必须调动学生的自主性。

二、当代教师的专业角色转变

传统教师的角色过于强调教师的权威性与控制性,在某种程度上压抑了儿童的个性。随着“对话时代”的到来,传统的教育思想受到广泛批评,同时也预示着教师角色的转变。对话能够增进人与人、国家与国家、团体与团体之间的沟通、理解、宽容以及资源的共享,能够增进文明与文明之间的相互吸收与整合。“教学对话”是时代精神在教育领域的回应,因此也是教育改革普遍追求的价值取向。近年来,国内外教育理论与实践界对“以教师为中心”的传统教学理论进行了彻底的批判,对“以儿童为中心”的现代教学论进行了深刻的反思,我国新一轮基础教育课程改革强调教师在教学过程中应与学生积极互动、共同发展。“对话教学”已成为教学改革所追求的教学理念。

时代的变化必然导致教师角色的转变,对话时代强调学生发展的潜能和成长的主体意识,强调学生受教育权的保障。在当代教育中,教师应成为与学生“平等对话”的伙伴。教师应该是学生学习的鼓励者、促进者、帮助者。教师教育应发展教师与人交往的能力、理解自我的能力、乐于助人的情感等。

2012 年 2 月 10 日,教育部下发了幼儿园、小学和中学教师的“专业标准”,提出了师德为先、学生为本、能力为重和终身学习等四大基本理念。该专业标准对教师提出了新的要求,呼唤着教师从传统的教育角色中摆脱出来,实现如下几个方面的角色转变:

(一)学生成长的引导者

在教育活动中,立足于学生的身心发展,人们逐渐把教学过程定义为一种引导的过程。教师作为学生成长过程的引导者,意味着通过教育教学活动中的师生交往,教师的角色不仅是知识的传授者,更是学生全面发展的引导者。

【案例分享】

好孩子是夸出来的

小宝是父母中年得子，孩子长得漂亮又聪明，父母对孩子特别宠爱，很多事情都是主动提前地就为孩子做好，所以也养成了孩子自私等不良行为习惯，不善于表达，经常愿望得不到满足就会打小朋友，经过我仔细观察，发现小宝想和小朋友们玩儿就会去拉别人，甚至自己直接进入其他幼儿正在玩儿的游戏里，小朋友们以为小宝在捣乱就会群起而攻之，这样矛盾就发生了，小宝经常因为打不过众多的小朋友而哭闹，大家都以为小宝是故意捣乱，所以最后他变成了不受人同情的“受害者”，在区域游戏中小宝也经常会因为争抢玩具图书等物品而打人。

通过我仔细观察和分析，了解了他是因为不会与人交流表达自己的愿望，使用了不正确的交流方式而与小朋友发生冲突。经过和小宝交流，让他明白老师和小朋友都喜欢团结友爱、热爱劳动的小朋友，希望他能为小朋友做好事，让我们班的小朋友都喜欢他，就会和他做朋友一起玩儿游戏。当小宝明白这个道理后，我开始鼓励他帮助小朋友抬椅子、抹桌子、帮老师接水做一些所能及的事情，每次做了好事就当众表扬他，树立他在小朋友中的威信，改变他经常打人的形象，每次表扬都让他感受到集体的温暖和被需要的美好感受；为了培养小宝的自主性和自我约束能力，我还对他提了要求：做一件好事就给一个表扬，每天早上对我说出自己决定今天需要几个表扬，定好目标就去找事做来实现小目标，做完一件好事就和我汇报：我帮助小朋友抬椅子、我帮老师拿拖把、我拿抹布帮小朋友擦桌子、我午睡安静没有和小朋友打闹……

好的习惯需要家长和幼儿园共同努力长期培养才能有好的效果，经过与家长沟通达成共识，希望回家也要制订并完成如倒垃圾、为家人摆碗筷、抹桌子等好事的小目标，慢慢地他不仅能和小朋友友好相处，还养成了上课专心听讲、积极发言等良好的学习品质。

石头、剪刀、布

这段时间经常看到孩子们为抢早操队形的第一排、排队的第一名、争抢区域游戏里的玩具等事情发生矛盾而争吵，孩子为了得到自己想要的都说是自己先来的、自己先拿到玩具的，甚至有时候他们自己吵着吵着也分不清到底是谁先谁后的事实，老师没有看到事情的起始原因就没有办法解决，为了快速解决问题更为了帮助幼儿学会解决问题的能力，我就想出一个用“包剪锤”的游戏来解决问题的方法，同时还可以通过游戏培养幼儿的快乐情绪和快速的反应能力，孩子们也很喜欢这个解决问题的游戏，以后每当问题产生，“包剪锤”就成了孩子们解决问题的主要方式之一，我们的班级环境又变得和谐愉快起来。

我想“包剪锤”是传统的民间游戏，既简单又有意义，应该再拓展出更有意义的玩法，看到教室外走廊地板一块块的瓷砖思索出新的游戏：两个人站在同一起点线的两块瓷砖上，包剪锤游戏开始，赢的向前跳一块瓷砖，谁先到达终点谁赢。游戏一推出立马受到孩子们的喜爱，开始是两个人一起玩儿，后来想参加游戏的人多又不想等待，他们就把游戏改为多人一起玩儿，两人甚至三人挤在一块瓷砖上，几个回合就变得前后不一了，孩子们前后左右地变换着各种姿势面对一起，一遍又一遍的玩儿着“包剪锤”的游戏，由于人数的增加让游戏赋予了不一样的乐趣，所以每次都玩得不亦乐乎。

简单的民间游戏也能在不同的领域焕发出育人的光彩。

小白上楼梯

小白是我们班年龄最小的小朋友，他有两个小酒窝儿，笑起来甜甜的可爱极了。但是他做事特别慢，吃饭慢、走路慢、动作慢、接受能力也慢。所以作业基本都是其他小朋友帮着完成。从三楼到一楼的操场做早操、课间操和户外游戏活动时，最着急他上下楼梯的速度，别人是一步一个台阶跑，老师都要时时提醒孩子们慢一点，但小白是双手要扶着楼梯的栏杆两步一个台阶的上下，看着已经跑得看不见了的小朋友，再看看他颤颤巍巍的还没有走几个台阶，心里真是着急！班里的老师等不了就指定方芳小朋友拉着他慢慢走，或者老师干脆抱着他上下楼梯。我看在眼里急在心里：小白在中班的动作协调能力和学习能力就和其他幼儿有这么大差距，往后会不会差距越来越大？我决定先从动作协调上帮助小白跟上其他小朋友。先每天在自由活动时间拉着他的双手玩跳高，看着一次比一次跳得高，他开心地笑了，初步建立了他能跳很高的信心，又和他玩儿双脚跳、单脚跳、金鸡独立站等游戏，逐步加大难度,户外游戏时也是着重帮助和鼓励他完成运动任务,帮助他增强体力和下肢力量。随着运动量的增加,鼓励他要多吃饭才能跳得更高。看着自己每天的进步,小白也是积极配合吃饭,由原来每餐第一个给他盛饭,每餐一碗饭也经常是最后一名吃完,逐渐到最快吃两碗饭还正数第四名的好成绩,他开心地看着还没有吃完饭的小朋友,笑他们吃得太慢!

时间慢慢地流淌着,我看小白已经能较快的吃饭和基本能跟上小朋友的步伐,训练就逐渐减少了。有一天,我带着孩子们做好户外游戏回教室,刚走到楼梯口,小白拉着我的手让我等他一下,他等小朋友们都上楼了,对我说:“滕老师你看我,我背着手也能上楼梯快!”看着他背着双手一步一个台阶顺畅的上着楼梯,我的心里立刻涌出一股幸福的暖流,不由自主地抱着他说:“小白长大了!”原来他一直在默默努力,并在努力中感受到自我成长的快乐。

其实,我如果不特意训练他,随着小白慢慢长大也会顺利地上下楼梯,但是经过我的鼓励和训练能愉快地、有力地快速上下楼梯,和其他幼儿的动作协调发展变得一致,以此还激发孩子学习与生活的自信心,为他的健康成长打下了良好基础。虽然我做不会有人表扬,不做也不会有人来批评我,但我还是选择做了,看到孩子健康快乐成长,我由衷地感到喜悦和幸福。我想这就是有教育情怀的具体表现吧。虽然这些都是平凡小事,但我愿意成为幼儿健康成长的基石,为幼儿的健康成长发出光和热。

(二)学生学习能力的培养者

现代教学理论在强调学生学习主体地位的同时,也要求教师的角色从原有的传道授业者向学生学习能力的培养者转变。当代社会是一个信息化的社会,在这样时代里,学生获取信息的渠道越来越多,教师的职责不再只是传授现成教科书的知识,而是要指导学生懂得如何获取自己所需要的知识,掌握获取知识的工具以及学会如何根据认识的需要去处理各种信息,使学生从被动学习转向主动学习,真正成为学习的主体。

【案例分享】

建构区里的新材料

中班下学期开学了,每个小朋友都有一个装满幼儿学习册的材料盒,通常教师都会把每个幼儿的学习册写上幼儿姓名按语言、艺术、社会、科学等内容分类摆放,材料盒就会扔掉,我看着材料盒子颜色鲜艳,纸盒厚质量好,扔了怪可惜的,于是我就把材料盒投放到建构区,在第一次开展区域活动时,我对小朋友们说:"老师今天在建构区里投放了新的材料,选择建构区的小朋友看看可以用新材料做些什么?"

选择了建构区的小小、小光、小智和高高看着这么多的盒子一筹莫展,不知道怎么玩儿,过了五分钟,高高拿了几个易拉罐横放在地面,上面再放一个盒子,我以为他是要玩儿滑板游戏,就问:"这是什么?"高高说:"我盖房子呢。"我好奇地问:"人住在哪里?"高高指着盒子上面:"这里。"我问:"房子这么摇晃,住在房子里的人会不会头晕?"高高想了想,拿了八个高低不一样的易拉罐随意地立在地板上,又拿了材料盒放在上面,对我说:"房子盖好了。"我问:"人住在哪里?"高高说:"里面。"我说:"里面这么挤,房顶这么晃,人怎么住啊?"高高不知道怎么办了,其他幼儿也是茫然地看着我。为了帮助幼儿建立空间知觉感,我说:"你们先去观察我们教室是怎么样的吧。"几个孩子立马站起来走到教室中间观察起来,发现教室中间有一根柱子撑着房顶,其他地方是空的,小朋友就可以在教室里做各种活动和摆放各种物品。回到建构区,高高和小光合作先在地上放一个盒子表示地板,再拿五个红牛易拉罐以叠高的方式在盒子中间垒高出一根柱子,小光又拿一个材料盒子想盖在柱子上,尝试了几次都因为担心柱子倒下而没有成功。小光想了想,把易拉罐柱子全部收了,又拿了几个易拉罐拥挤着放在盒子的中间,再拿一个盒子放在上面,感觉第一层楼终于成功了,很是开心,高高赶紧拿了几个易拉罐放在第二层盒子上面,终于盖了三层楼,他俩决定用盒子做墙面把房子围起来,看到房子盖好了他俩开心极了。我看着易拉罐柱子全部在房子的中间什么也没说,在活动评价环节,高高和小光高兴地分享了他们的游戏。第二天小宝选择了建构区,他盖了两层楼,用海绵积木加了房顶和树等做房子的装饰物,但是楼层之间只用了两个易拉罐做支撑,也不稳定。

第三天早操结束时，我带着孩子们集体观察了幼儿园的户外攀爬架活动点，是由五根柱子架起来的一楼活动场所，孩子们认真地观察着场所、认真数着有几根柱子及其排列方式等。下午小宝、小光、小雅和徐悦合力搭建了一栋稳稳的五层高楼房，四个角用了一样高的易拉罐，装饰了每一层房子，还放进去些积木，表示小朋友可以在房子里面玩积木，每个人都露出了成功、喜悦的笑容。

教师在观察幼儿游戏时，一定要了解幼儿的学习方式、个体发展水平、兴趣爱好和需要，基于幼儿的需要，帮助幼儿如何进一步的活动提供支撑；在此次建构区活动中，我只是在幼儿游戏进行不下去的时候进行指导性谈话，帮助幼儿打开思路，甚至把幼儿带到相应的环境让幼儿自己观察，让环境来说话，这样由幼儿自主习得知识。三天的建构区活动体现着教师尊重幼儿的自主性，合理参与幼儿的活动，真正做到了孩子游戏的支持者和引领者。

（三）自我知识的建构者

在知识建构的过程中，学习者所接触到的新信息的来源和形式可能不同，来自不同渠道的信息总要通过主体不断琢磨与检测，才能实现对新知识的有效建构。教师的专业成长是由“准教师—新手教师—熟练型教师—专家型教师”这样一个渐进的过程，在这个过程中教师建构教育理论知识是至关重要的，而阅读恰恰是教师建构教育理论知识最有效的途径。

第三节　幼儿教师的专业角色分析

在历史长河中，很多教育家、教师对幼儿教师的职业角色进行不断探索与反思，经历了从冲突到回归的阶段。当前在幼儿园里工作的一线幼儿教师，品味着幼儿园工作的酸甜苦涩。面对社会及幼儿家长的需求，面对幼儿成长及发展的需要，幼儿教师应该扮演什么样的角色，值得幼儿教师们不断在专业成长的道路上寻求答案。

一、幼儿教师职业角色的发展

综观学前教育发展的历史长河,很多教育家和思想家对幼儿教师的职业角色有不少的论述。两千多年前古罗马的著名教育家昆体良就提出幼儿教师需要具备三个条件,即要热爱儿童;要善于观察儿童;要正确应用批评与表扬。英国哲学家约翰·洛克认为,教师不一定是个“通儒”,但应懂得世人的行径、怪僻、过失、诓骗和缺点,并认为,“只有有能力的教师,才能教育出德行优良的儿童。”英国著名教育家罗伯特·欧文在成立世界上第一所“幼儿学校”时,招聘幼儿教师的条件包括:热爱幼儿并对他们有无限的耐心,性情温顺,决不应当让他们听到愤怒的斥责或看到脸上有任何生气和怒目而视的表情;语调和神态应当是和善的,富于慈爱感情的,对所有幼儿一视同仁。意大利著名幼儿教育家玛丽亚·蒙台梭利则在其著作中认为幼儿教师是“导师”,是活动环境的创设者,儿童活动的观察者,幼儿发展的指导者,幼儿心理困境的反思者,家园合作的沟通者。我国传统幼儿教师的角色是教导生活的照料者,环境的提供者,活动的观察者、管理者和控制者。新时期《幼儿园教育指导纲要(试行)》中指出:“幼儿教师应成为幼儿学习活动的支持者、合作者、引导者。”结合当前《幼儿园工作规程(修订稿)》《幼儿园教育指导纲要(试行)》《幼儿园教师专业标准(试行)》等文件精神及我国学前教育的特点,幼儿教师职业角色主要包括体现在以下五个方面:生活照顾者、行为观察者、课程建构者、活动指导者和资源整合者。

二、幼儿教师职业角色的冲突

作为社会生活重要组成部分的幼儿教师,由于具有多重角色,很多一线幼儿教师在工作中面临很多困惑。对待幼儿保教的不同情境的过程中,往往因为幼儿教师对自身职业角色的认识和理解不到位,引发幼儿教师对自身职业角色的冲突。概括来说,幼儿教师职业角色的冲突主要包括以下几种:

（一）幼儿教师是“保姆”还是“老师”

当前，很多一线幼儿教师、家长及社会对幼儿教师的职业角色认知困惑于其是“保姆”还是“老师”。很多传统教育观念下的幼儿教师、家长等依旧认为幼儿教师就是看孩子的保姆，什么学历和专业的人都能做，只要让孩子别磕着碰着就行。这些观念都忽视了幼儿教师也是教师群体的重要组成部分，幼儿教师最重要的任务是对幼儿开展科学的保教工作。

（二）幼儿教师是“服务者”还是“合作引导的伙伴”

在幼儿教师的工作中，由于教育对象的年龄较小等特殊性，决定幼儿教师与幼儿家长的接触要高于中小学教师。在幼儿教师和幼儿家长两者的关系中，幼儿教师是家长的“服务者”“合作者”还是“引领家长的伙伴”，这些也是幼儿教师需要面对的问题。有些幼儿教师认为家长对幼儿的成长与发展寄予了一定期望，我们作为专业的幼儿教育者，需要在幼儿园中满足家长的需求，服务好家长。但不能一味地投家长所好，无论家长的需求是合理还是不合理，不管家长对幼儿的期望与要求符不符合幼儿的年龄阶段，都完全按照家长的要求去做。其实，幼儿园保教活动过程本身就需要幼儿教师与家长通力合作。《幼儿园教育指导纲要（试行）》中明确提出，幼儿教师应与家长积极交流合作，充分调动家长参与幼儿教育的积极性，要积极引导家长树立正确的教育观，明确科学的育儿观念，挖掘家长的教育资源等。所以，幼儿教师是家长的伙伴，是对幼儿开展科学保教的引导者。①

三、幼儿教师职业角色的合理定位

随着社会的进步与发展，特别是《幼儿园工作规程》《幼儿园教育指导纲要（试行）》《幼儿园教师专业标准（试行）》等文件的颁布，幼儿教师的角色发生重大变化。《幼儿园教育指导纲要（试行）》指出：教师应成为幼儿学习活动的支持者、合作者和引导者。为了适应当前时代及社会发

① 杨香香．幼儿教师专业发展[M]．长春：东北师范大学出版社，2014．

展的需求,作为幼儿教师需要转变传统的教育观和自身职业角色观,从传统的知识的传授者、课程的预成者、教材的执行者、课堂的权威者,转变成为幼儿学习与发展的引导者、课程的生成者、教材的开发者,师幼关系、家园关系的协调者和合作者,满足幼儿终身学习的启蒙者及幼儿园生活与环境的组织者等。

(一)幼儿教师是幼儿学习与发展的引导者

当前教育的核心转向为培养学生学会认知、学会做事、学会生活、学会生存。《学会生存——教育世界的今天和明天》中提到:“未来教育不仅仅限于给学习者坚实的知识和培养他们继续学习的兴趣。它还应该培养人的行为和能力并深入精神生活。包括明智、责任感、宽容或敏锐、自立精神在内的行为与包括洞察实质、确切概况、区分目的与手段等的智能同样重要。”为了顺应当前教育思想及教育潮流的变革,幼儿教师将教师的角色由“教”转变为“导”,幼儿在幼儿园不仅获取知识和经验,更要学会做人、学会自理、学会做事。幼儿教师应成为幼儿学习与发展兴趣的培养者与激发者,增强幼儿的求知欲,帮助幼儿构建自己的知识与经验体系,启发他们的智慧,激励他们自理、自立地生活。

【案例分享】

李兴的故事系列一:捏恐龙

李兴在班里全然就是一个“霸主”,自从我接手这个中班,每天都有小朋友告状说他又打谁了,又抢谁的东西了,不能和小朋友友好相处,每天上班我都很是头疼,更恼人的是上课和做操时间,老是搅得旁边人不能专心听讲和做操。我想要帮助他改掉这许多的不良行为和习惯,为他以后健康成长打下良好基础。我想先找找他的闪光点,人无完人,再完美的人也会有不足,同样缺点再多的人也一定会有优点。所以我一直观察他的行为,但是观察了近一个月还是没有找到可以肯定他的地方。在我就要失去信心的某一天,我在美工区第一次投放了超轻黏土,他今天刚好选了美工区,看到黏土高兴极了,大声叫着:“我要做恐龙、我要做恐龙!”说完拿起黑色的黏土瓶,几乎把一罐黏土掏空,很专心地做起了恐龙,过了好一会儿,他终于做好了一只黑色的大恐龙。我发现他对做恐龙很感兴趣就主动问他:“你这个是什么龙呀?”他兴奋地如数家珍般地对我说:“这个是雷龙,我还知道霸王龙、鱼龙、剑龙、翼龙、甲龙、三角龙……”美工区的小朋友看着他做的恐龙很形象,有的也跟着他做恐龙。活动结束时我向全班幼儿推荐和表扬了李兴的恐龙做得好,他骄傲地站在我旁边接受小朋友们羡慕的目光,他把恐龙小心翼翼地放到作品展览区里一直守着不肯离去。我问他为什么不出去玩?他说他要守着恐龙,不让别人来破坏他的恐龙。看着他对恐龙如此喜爱,我也若有所思了起来。

下班后我到超市买来一袋塑料恐龙模型玩具,第二天投放到美工区,李兴今天又选择了美工区,其他小朋友们看到我投放的恐龙玩具也是很喜爱,都找到自己喜欢的恐龙,照着恐龙的样子用黏土认真地捏了起来,李兴看到有小朋友做不好的地方还会主动教一下,做好后还兴高采烈地向我一一介绍他们做的是什么恐龙。恐龙的制作兴趣延续了好长时间,作品展区摆满了大大小小、各种各样的恐龙。

李兴还积极主动的和其他小朋友一起为黏土罐添加同色黏土,通过恐龙的系列活动,李兴初步感受到被需要的幸福感,找到了集体生活的快乐,有了很大的成就感,和小朋友的关系逐渐变得友好起来。

孩子也有自尊心也需要被认同,希望李兴的转折点由此开始。

李兴的系列故事二:画恐龙

今天李兴又选择美工区,只见他左手拿着一只剑龙模型,右手拿着铅笔,桌上放着一张白纸,认真观察着剑龙想把剑龙画出来,过了一会儿实在无从下手。对我说:“滕老师,我不会画恐龙,你教我画吧。”我看着他求知的小眼神想了想说:“你去科学区拿一把手电筒来。”他疑惑的拿来了手电筒说:“我是要画恐龙,拿电筒干什么?”我说:“只要你多动脑想想,画画会有许多方式。”我把恐龙放在画纸边上,用手电筒一照,恐龙的剪影立刻显现在纸上,美工区的小朋友们惊叫了起来!然后我手持电筒让李兴画恐龙,和孩子们一起探讨投影画技巧:想要保持画出来的恐龙好看准确,手电筒、恐龙和纸一旦放好就不能移动,否则线条就会发生改变,恐龙就不像恐龙了,为了确保手电筒的稳定,最后又决定找一个支架放手电筒,这样只要按住纸就可以轻松画出恐龙。李兴经过二十分钟的努力终于画好第一张恐龙剪影画,自豪极了,其他幼儿羡慕地欣赏着,急切地也想画一张恐龙剪影画,我一一满足了孩子们的愿望。美工区又变成热门区,每天总有几个孩子要早早的来打卡美工区。

教师是幼儿学习的支持者和引领者,只要时时关注幼儿的兴趣点,及时投放相应的材料就能更好地促进幼儿发展,希望李兴在一次次的成功中能回归到正确的自我成长道路上。

李兴的系列故事三:榜样的力量

看着李兴愿意花更多时间在美工区安静地画画和做手工,集体教学时也能安静地听一会儿,虽然他还有许多毛病,但我看到他因为能和小朋友有更多的友好相处时光而变得更加快乐,看到他愿意改变自己的思想,并为此努力着,我就看到了希望。

有一天,我和李兴单独谈话,问他为什么不和子瑜玩儿?他难过地说:"我去找了,他们不和我玩儿。"我说:"那你想和他们玩儿吗?"他真诚地说:"想!"我又约子瑜参加谈话,对子瑜说:"李兴想和你们做朋友一起玩儿。"子瑜马上叫起来:"不行!他爱打人,我们拒绝和他玩儿。"我说:"他想和你玩儿,说明你很优秀,他也是发现了自己的错误,想改正这些错误,希望你给他这个机会。"李兴也赶紧表达了自己的愿望,子瑜终于同意接纳李兴加入他们的朋友圈,看着李兴欣慰的笑容我也是充满了希望,此后就看到李兴一直和子瑜朋友圈的小朋友们友好相处,每天都很开心,最后他俩变成铁杆兄弟。

子瑜很聪明又很有主见,通常会想出一些好玩的游戏带着他们玩,经常还有新奇的想法来分享给小朋友,所以常有孩子围着他玩,他俨然就是这个朋友圈的"核心人物"。在李兴想要改变自己又不知怎样做才更好的时候,我给了他一个榜样、一个圈子,让他好好向子瑜学习,希望我的良苦用心能发挥作用。

李兴的系列故事四:爆米花机诞生记

下午区域游戏时间,我和全班小朋友们讨论:你想为我们班的区域活动增加什么好玩儿的?李兴第一个积极发言:"滕老师,我想搞一个爆米花机,就像电影院卖的那种,买一大桶爆米花边看电影边吃。"还做出好吃的状态,我想这段时间他一直跟在子瑜的团队里学习,表现不错,这次就给他一个突出自我表现的机会吧,就和他讨论爆米花的做法,他说想要泡沫板来做爆米花，我从废旧物品收集箱找出泡沫板给他，并提出要求："你今天就负责你们小组的人做好爆米花，不会的你要负责教会他们，收集做好的爆米花。能完成任务吗?"他信心满满地说："保证完成任务!"就带着美工区的小朋友认真制作爆米花，还注意观察其他小朋友的制作情况，不时地进行指点，要求幼儿要把泡沫掐得大小合适，不宜太大或太小，有掌握不好的小朋友还会亲自示范，经过小组努力终于做好一小筐"爆米花"，我表扬了他们小组的成果，并一起讨论制作"爆米花机"的方法，最后决定用大矿泉水瓶进行装饰后作为"爆米花机"，李兴主动承担了这个装饰任务，只见他拿了红色和黄色的海绵纸剪成条，缠绕在瓶身上，又拿黑色的海绵纸画了一只恐龙粘贴在瓶身上完成"爆米花机"的装饰，再把"爆米花"装到"爆米花机"里，我和他一起把"爆米花机"粘贴到走廊的美食售卖处。那天的整个下午李兴都兴致盎然地围着"爆米花机"转，欣赏着自己的杰作，眼神充满无限的满足感。下午李兴爸爸来接他离园，我对他爸爸讲述了李兴今天的表现，爸爸眼含泪花的听完了老师第一次对他孩子的表扬。

从此后，李兴就像变了一个人，养成了许多良好的行为习惯也培养出了良好的学习品质，经常和子瑜一起组织幼儿静息和帮助老师、小朋友做力所能及的事情；上课能专心听讲，认真完成随堂作业，能和小朋友友好相处和玩儿游戏；早操要站在第一排带队做操，户外游戏时会主动和子瑜带领几个小朋友帮助老师推篮球架和摆放、收理其他户外游戏器材，俨然就是我的得力小助手。经过近一个学期的为李兴树形象、找榜样、给机会表现、树立信心等活动，看到他有了很大的进步，真正体会到"好孩子是夸出来的"这句话的深刻含义。我也收获了李兴对我的依恋和暖暖的关怀，有一天的餐前看电视环节中，李兴坐在第一排并要我坐在他旁边，我说我是大人个儿高，坐在前面就会遮住后面的小朋友看电视，随即走到幼儿后面和孩子一起看动画片，他看了一会儿动画片转过头来看到我站着，就走到放椅子的地方给我拿来一把椅子让我坐下后又回到自己的座位继续看动画片。

家园共育对促进幼儿成长有着重要作用，做好家园共育对孩子有正确的引导。所以每次李兴有了新的进步，都会和家长交流，让家长多鼓励他，在家多给孩子的表现的机会。他爸爸说现在每天上幼儿园和回家的路上，李兴都会要求给他出计算题做。李兴有了良好的行为习惯和良好的学习品质，衷心希望他未来越来越好。

(二)幼儿教师是师幼关系及家园关系的协调者与合作者

传统教育中,认为教师是课堂的权威,在教学过程中是高于学生主体地位的人。即在幼儿园一日生活及教育活动的过程中,凡是幼儿教师提出的要求都是科学合理的要求,都是幼儿需要遵守和执行的准则。而家长是幼儿园应该服务的对象,幼儿教师需要倾尽全力满足家长所有合理及不合理的需求。随着当前教育观念的变革,承认幼儿是学习的主体,遵从幼儿是生命成长中的重要个体等,倡导幼儿教师在教育活动中摒除传统的师幼不平等地位,扭转幼儿教师绝对权威、幼儿绝对服从的角色,需要在幼儿园教学活动中建立起师幼平等的感情融洽的氛围。家长作为重要的教育资源,近年来其在幼儿教育中的作用日益显现。作为幼儿教师需要树立正确的家长观,既不能盲从家长一味需求,也不能忽视家长在教育活动中的作用,应积极利用接送幼儿的时间,通过家访、家长宣传栏、家长开放日等活动,真切地了解每位幼儿家长的教育观念、育儿困惑。在帮助家长共同为幼儿的健康成长付出努力的过程中,做家长的幼教咨询者和家园共育的合作者。

【案例分享】

我们班的暖宝宝

今天吃饭时间快结束了,但是小白的一碗饭还剩下一大半没吃,我说:"小白看看你还有多少饭没吃?"琳琳听到立刻走过来,双手接过小白的碗一口一口地给小白喂饭,不一会儿小白顺利地把饭吃完。琳琳看到洲洲也没有吃完,放下小白的碗马上又接过洲洲的碗给洲洲喂饭,我看在眼里喜在心里。此后就注意多观察琳琳,我发现她不爱说话,但上课很用心,练习册作业做得又快又好,做完作业经常会去帮助不会做的小白、小小等小朋友;吃饭也快,吃完就会主动去喂小白和洲洲;看到老师扫地,会主动去拿簸箕;看到小朋友不小心把汤洒了也会主动去拿拖把给老师;看到区角材料摆放不整齐,会主动整理;做课间操时间小朋友们集体排好队就到操场,但是由于小白动作太慢,不敢自己上下楼梯总是走在最后,老师忙不过来就请琳琳留下来拉着小白慢慢走到操场,之后虽然老师没说,但琳琳都能在课间游戏时间主动拉着小白的手到操场做课间游戏，再拉着他回教室，琳琳每次都能尽职尽责地完成任务。总之，她最爱做的事情就是很用心地观察谁需要帮助，并默默地主动帮助小朋友。

助人为乐的思想在五岁孩子身上会有，但是如此坚持助人为乐的人很少，而且是如此默默地观察、默默帮助别人，小小孩子就有如此默默奉献和助人为乐的精神让我感动，这不就是一个小小活雷锋吗？深深为她的行为感到好奇。通过和她妈妈交流才知道，孩子的姥姥特别喜欢传统文化，从小就给孩子读《三字经》《弟子规》等优秀的传统文化读物，给她讲优秀的传统文化故事。我国有历史悠久的传统文化，树人先立德，以德为先一直是树人的先要条件，希望有更多的教师和家长重视从小对幼儿进行中国传统文化教育。

（三）幼儿教师是终身学习者和研究者

当前社会更新速率日益加快，作为幼儿教师需要保持终身学习。在与幼儿一起生活中，不断反思，做终身学习者和对幼儿的研究者。终身教育是不断造就人、不断拓展其知识和才能以及不断培养其判断能力和执行能力的过程，它穿越了启蒙教育和继续教育，是幼儿教师适应职业的需要。对幼儿教师来说，自身不是长久的知识的权威和传播者，需要根据时代的发展，结合幼儿的需求，树立新的学习观，即终身学习观，不断扩充自身健康、科学、语言、社会、艺术等知识与技能，更新幼儿教育新理念，掌握国内外前沿的幼儿教育教学方式与方法，不断提升自身作为幼儿教师的专业素养与教育教学素养，进而提升自身综合素质，改善幼儿学习与发展的质量。当前教育变革要求幼儿教师充分发挥其教育教学的主体性，这是源于幼儿教师在保教活动中面对的对象是不同的。性格特征不同的幼儿会产生不同的教育教学情境，幼儿教师应深入了解、研究不同幼儿的个性特点与需要，在不同教育情境中，深入探索有效促进每名幼儿个性发展的方式与方法。①

① 杨香香．幼儿教师专业发展[M]．长春：东北师范大学出版社，2014.

幼儿教师作为研究者不同于专业理论研究人员的研究。幼儿教师的研究主要是自身教育教学实践的反思与研究,包括反思与解决自身教育教学中遇到的困惑问题,提炼自身教育教学经验,将所学理论与实践相联系,在实践中尝试运用,并不断反思,进而提炼形成个人理论。

第四章　目标定位:幼儿教师的专业理念与素养研究

作为幼儿教育的专任教师，幼儿教师是幼儿教育活动的设计者、实施者、传授者、组织者、管理者和领导者，他们的专业理念和素养对于幼儿个体的终身发展起着至关重要的作用。本章即对幼儿教师的专业理念与素养进行研究。

第一节　幼儿教师的专业理念

一、幼儿教师专业理念的概念

专业理念就是教师在长期教育实践活动中，经过亲身体验和理性思考形成的关于教育本质、规律及其价值的根本性判断和观点。幼儿园教师的专业理念指幼儿园教师在理解教育工作本质的基础上形成的关于教育的观念和理性认识，为幼儿园教师的专业行为提供了理性支点，使得作为专业人员的幼儿园教师和其他非专业人员区别开来。幼儿园教师所持有的专业理念会直接决定其组织保教活动的目的、内容和方式，影响其保教活动的效果以及其自身专业发展的方向。

二、幼儿教师专业理念的内容

幼儿教师的专业理念包括教育观、儿童观、教学观、教师观和知识观等。下面仅对儿童观、教育观和教学观进行阐述。

(一)儿童观

儿童观是人们对儿童的看法、观念和态度的总和,主要涉及儿童的地位和权利、儿童期的意义、儿童的特质和能力、儿童生长发展的形式与原因等。现代儿童观认为,儿童的身心发展具有规律性、全面性、潜能性特点,能根据成人的要求和自己的兴趣需要积极参与教育活动,能以自己的生活经验去主动同化外界的教育影响;认为儿童是有独立意识的,教师应该采用恰当的教育方式和手段,最大限度地挖掘他们认识和发展潜力,满足他们好奇、探索、游戏、交往、学习等各种需要……

总之,儿童是与成人平等的、发展中的个体,社会应保障他们的生存和发展,应当尊重他们的人格尊严和权利,尊重他们的发展特点和规律,尊重他们的能力和个性,为他们创造参与社会生活的机会。

【案例分享】

快乐小厨房

区域游戏是孩子们每天的期盼,生活区的小厨房有玩具碗、盘子、小砧板和安全小菜刀等厨房用品和仿真蔬菜,更多的是家长带来的家里不用了的厨房旧物用品,有锅、盆、碗、勺、盘等,这些都为孩子感受家的真实感提供了丰富的材料,也更多地激发了幼儿积极参加游戏的愿望,小厨房一直受到孩子们的喜爱。

之前孩子们都是用玩具蔬菜做饭做菜,虽然孩子们也喜欢玩,但总感觉少了许多生活的真实感,我想如果投放真实的蔬菜,孩子们更能体会生活的真实感和增加游戏的乐趣,所以把生活区改在盥洗室里,方便孩子用水洗菜,每天为幼儿提供了新鲜的蔬菜,生活区立马就变成热门区,看到孩子喜欢,家长也会带蔬菜过来。我要求孩子们先把菜摘干净再清洗,把洗菜和切菜区分开,自己安排好切菜和摆盘的方便位置,培养幼儿良好的收纳和整理习惯。孩子们切得可仔细了,每次都变着花样来切菜:把白菜切丝的、切片的;萝卜切块的、切条的,还会切成三角形;圆心白菜有切片的、手撕的等,每次我都给他们一个食品袋,让他们把自己切的蔬菜带回家给爸爸妈妈做熟了一起吃,这更加激发了孩子们游戏的积极性,对促进幼儿社会性发展起到了良好的作用。

(二)教育观

幼儿教育主要指的是对 3～6 岁年龄阶段的幼儿所实施的教育。《幼儿园教育指导纲要(试行)》指出:"幼儿教育是基础教育的组成部分,是学校教育和终身教育的起始阶段。幼儿教育应为幼儿的近期和终身发展奠定良好的素质基础。"

幼儿期是人的认知发展最为迅速、最重要的时期。同时,幼儿期还是人的好奇心、求知欲、想象力、创造性等重要的非智力品质形成的关键时期。家庭教育和幼儿园教育是幼儿教育的"两条腿",家庭教育是现代教育中的重要环节,家庭对儿童成长及素质的提高有着十分重要的和不可替代的作用。在家庭教育中,家长具有不同的教育思想观念,采取不同的教育方式,不仅反映了家庭不同的亲子关系,而且还会产生不同的教育效果。幼儿教师应主动向家长了解相关情况,与家长共同构建起教育的合力。

(三)教学观

教学观念对教学起着指导和统帅作用,新的教学观主要表现在两个方面,即对课程的认识和对教学过程的认识(图 4-1)。

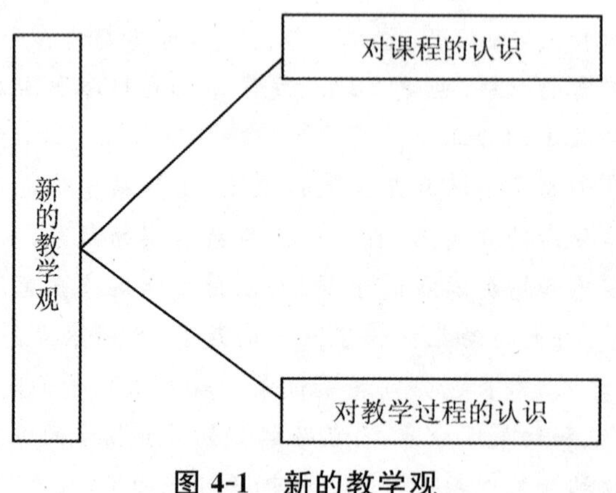

图 4-1 新的教学观

1. 对课程的认识

虽然幼儿园课程不是以系统地传授知识技能为目的,但对于实现幼儿园教育目的,帮助幼儿获得有益的学习经验,促进幼儿全面和谐发展有着非常重要的意义。由于幼儿园课程是融合在每日活动当中,以幼儿的直接经验为基础,以游戏为基本的活动形式,所以是一种动态的、可生成的活动,具有开放性和经验性特点。幼儿教师要主动地开发课程,应该重视自然课程的生成。

2. 对教学过程的认识

幼儿教师对教学过程的认识,是通过教师的“教”和幼儿的“学”两类活动过程认识和提高的。在这个过程中,在做到以下几方面:

第一,幼儿是自身学习的主体,要改变教师讲、幼儿听的单向教学模式,应多给幼儿发表意见、师生讨论的时间,重视幼儿的体验与观念。

第二,要耐心倾听,充分理解幼儿的想法与感受,支持、鼓励幼儿大胆探索与表达。

第三,要善于发现幼儿感兴趣的事物和偶发事件中所隐含的教育价值,把握教育的时机,提供适当的引导。

第四,关注并敏感地察觉幼儿在活动中的反应,当按计划进行的活动或提供的材料不能引起所期望的反应时,教师应主动反思,寻找原因,及时调整活动计划或教育行为,使之适合于幼儿的学习。

第五,要与幼儿分享彼此的思考、经验,交流情感与体验,达成共识、共享,实现共同发展。

第二节　幼儿教师的师德素养

师德即教师道德的简称,主要指教师职业道德。人生百年,立于幼学。幼儿教育对一个人的成长和发展至关重要。幼儿教师作为幼儿教育的专任教师,是幼儿教育活动的设计者、实施者、传授者、组织者、管理者和领导者,优良的师德也是提高幼儿教育质量的灵魂和保证。幼儿教师只有具有强烈的社会责任感和使命感,有爱心、耐心、事业心,才能全身心地投入到幼儿教育中来。爱岗敬业、乐于奉献,自觉完成教育的使命,从而推动我国幼儿教育事业的全面发展。师德素养贯穿幼儿教师专业发展全过程,是引领幼儿教师职业行为的内在灵魂,是幼儿教师职业的行动基石。

一、幼儿教师师德素养的必要性

教师德性是教师教育实践的内在基础与支撑，教师队伍的道德状况，直接影响着亿万儿童、青少年乃至整个民族的道德风貌，影响着整个民族的主流价值和核心价值。从这个意义上说，师德兴则教育兴，教育兴则民族兴。

（一）加强幼儿教师师德建设是由学前教育的特殊性所决定的

学前教育的对象主要是3～6岁年龄阶段的幼儿，他们模仿性、好奇心较强，又缺乏分辨是非的能力，身心极易受到伤害。学前教育作为一个人教育的基础，最重要的是让孩子形成终身受益的品质、态度、情感、能力，养成好的行为习惯，让孩子健康快乐地成长。所以，幼儿教师高尚的道德品质，本身就是一种强有力的教育因素和教育手段，会对幼儿产生潜移默化的影响。

（二）加强幼儿教师师德建设，改变当前幼儿教师师德现状

师德是教师从业的基础根本和作为一名教师所必备的素质。然而，当前幼儿教师的师德却出现了一些令人担忧的问题。如一些幼儿教师的责任心比较弱，缺乏敬业精神，有些教师将育儿工作仅仅是作为一种谋生的手段，并没有将幼儿看成是一个独立的、应该受到尊重的个体，一些幼儿教师甚至打骂和体罚幼儿，从而对幼儿造成了无法弥补的伤害。因此，加强幼儿教师师德建设，提高自身职业素养，改变当前幼儿教师师德现状，是现代经济发展、社会人本管理和行为科学的必然发展与要求，是人类社会发展的趋势。

（三）加强幼儿教师师德建设是学前教育实现内涵发展的本质要求

要办好学前教育，提高学前教育质量，实现学前教育的内涵发展，就必须不断提高幼儿教师的素质，其中，师德是最核心的素质。幼儿教师的道德品行对幼儿有很强的熏染力，教师的道德素质如何，将直接关系到幼儿的身心发展和幼儿教育质量。

二、幼儿教师师德素养的灵魂——师爱

师爱是指教师对幼儿的爱，它是幼儿成长的力量之源，是教育成功的根本前提，是教师道德修养的灵魂。爱是教育的灵魂，没有爱就没有教育，这不仅仅是对爱在教育中的重要性的表达，更是对教育真谛的表述。正是爱的渗透才使得教育超越单纯的知识传授，而成为一种激励、引导完整的人的生成的实践。

（一）师爱是幼儿教师职业特殊性的必然要求

《中华人民共和国教师法》《幼儿园教师专业标准（试行》都把热爱（关爱）学生作为重要内容。每个行业都有每个行业的门道，教师这个职业更复杂，是一种特殊的职业，是一门以人的生成与完善为根本指向的职业。幼儿教师的职业对象是幼儿，每个幼儿都是活生生的人，是成长中的人，是拥有无限发展可能的成长中的个体。幼儿教师职业的特殊性表现在很多方面，但特殊性的根本在于幼儿教师职业对象的特殊性，是幼儿教师职业特殊性的基础与核心所在。正因为幼儿教师职业对象的特殊性，决定了作为幼儿教师的职业投入所需要的不仅仅是教育的技术技巧，更是一种情感与人格的投入，是幼儿教师对教育活动本身、对幼儿、对教育职业的真诚的爱。在教育过程中自然而真实地传达这种师爱，既是教育成功的关键，又是衡量幼儿教师素质的重要内容。

幼儿教师应真正地给予个体生命呵护与爱，引导人性向善，使人们胸怀坦荡。这意味着我们在教育实践中，要善于理解幼儿、倾听幼儿、宽容幼儿，把幼儿视为一个个特殊的生命体。爱是教育的基础，正是在爱中敞开教师的生命情怀，培养幼儿积极向上的价值观，促进幼儿生命的整体发展。

（二）师爱是师幼交往中萌生的特殊情感

我国近代教育家夏丏尊曾说："教育没有情感，没有爱，如同池塘没有水一样，没有水，就不能称其池塘。没有情感没有爱，也就没有教育。"师爱是世界上一种特殊的情感，是一种不计回报、没有血缘关系的神圣的爱。一名对教育充满激情的教师无疑会把幼儿视为活泼而丰富的创

造者。但是,教师对幼儿的爱不可能无缘无故地产生,并非教师行为规范规定教师要对幼儿有爱的热情,教师就可以做到。爱是心灵相通而产生的一种情感,而不是意志或意愿。教师之所以爱幼儿,是师幼通过接触、了解和不断交流之后,发自内心深处的一种悦纳。师幼交往是师幼建立感情的重要途径。没有师幼交往,便不可能有师爱的萌发。

(三)师爱是一种理解和尊重

任何人都需要理解和尊重,幼儿也不例外。作为一名幼儿教师,对幼儿需要多一份理解和尊重的爱。要能够把每一个幼儿爱到心坎里,当幼儿取得成绩时,会给幼儿送上一片掌声;当幼儿犯错时,能多给幼儿一个机会;当幼儿有困难时,是他最好的帮手;当幼儿大胆表现自己时,教师是最好的欣赏者、赞美者。幼儿教师要善于从幼儿的角度去考虑问题。幼儿教师这样的理解和尊重,会给幼儿的进步带来内在的动力。

【案例分享】

幼儿教师职业幸福感案例一

《纲要》指导要点:

社会领域的教育具有潜移默化的特点。幼儿社会态度和社会情感的培养尤应渗透在多种活动和一日生活的各个环节之中,要创设一个能使幼儿感受到接纳、关爱和支持的良好环境,避免单一呆板的言语说教。

《指南》指导要点:

家庭、幼儿园和社会应共同努力,为幼儿创设温暖、关爱、平等的家庭和集体生活氛围,建立良好的亲子关系、师生关系和同伴关系,让幼儿在积极健康的人际关系中获得安全感和信任感,发展自信和自尊,在良好的社会环境及文化的熏陶中学会遵守规则,形成基本的认同感和归属感。

《案例》我编……

小宇现在已经变得很开朗,每天早上都能自主自愿、高高兴兴地来幼儿园,也能主动和小朋友玩儿。

这天的语言活动,我讲了一个故事《送蚂蚁回家》,这是一个童话故事,小蚂蚁迷路了,一个好心的老爷爷帮助小蚂蚁回家,小蚂蚁的家人为感谢老爷爷送给他金子,但是爷爷只拿了一袋。另一个贪心的爷爷听说了也找到一个迷路的小蚂蚁,并把它送回家,小蚂蚁的家人为感谢他,也要送他金子,他却想把蚂蚁全吓跑好独吞所有的金子,结果小蚂蚁被吓跑了,门也关上了,贪心的老爷爷再也出不来。到了复述故事环节,我看到小宇把手低低地举起来,看他想讲述故事又不自信的表情,我请他来到我身边要求他大声复述故事,他因为太紧张,等了一会儿还是一句话也说不出来,我说:"你先回座位,等想好了再请你来讲。"他靠着我不愿意回座位,憋出一句"我编……"

案例《我变》

我经常会在餐前给幼儿玩儿各种游戏:讲故事、唱歌、脑筋急转弯等,魔术也是幼儿很喜欢的游戏之一,我也经常给孩子们变小魔术。这天我用信封设计"硬币不见了"的魔术小道具给孩子们变硬币不见了、硬币又回来了的游戏,孩子们开心极了。我变完魔术问:"谁会变魔术?"小宇又高兴地说:"我会!"我请他来变魔术,只见他把硬币拿在手上,对全班幼儿说:"硬币在这里,现在我要把它丢掉!"就把硬币往后一甩,就势丢到后背的帽子里,张开两手说:"看,钱不见了!"晶晶等几个小朋友指着他的帽子说:"在帽子里、在帽子里!"不依不饶地叫着,小宇只得把硬币从帽子里拿出来。全班小朋友开心地笑着,小宇也因为魔术的失败害羞地笑起来。

在两个案例中,我看到小宇由原来的性格内向不善于交往,到现在有活泼开朗的性格和积极学习的愿望。在案例一中,虽然没有复述出故事内容,但是能举手站起来就是他最大的进步,正是因为有了这第一次的主动,老师又给了鼓励的机会,引来了今后的无数次主动,甚至能自信主动表演魔术,尽管失败也能一笑了之的积极心态。德国幼儿教育学家福禄培尔说:"幼童的未来是纯洁的还是污浊的,是温和的还是粗暴的,是平静的还是充满风浪的,是勤奋的还是怠惰的,是追求功绩卓著的还是无所事事的,是迟钝而优柔寡断还是敏捷而富有创新精神,是麻木不仁、畏首畏尾还是富有远见、独挑大梁,是友好平和待人还是生性孤傲好斗,以及将来对社会、对家庭的责任感,对自然、对动物和人类的关系,都会按照幼儿启蒙时期注入的禀赋和意识,表现在以后的情感和生活方式之中。"从古至今的许多教育家也都充分证明:幼儿时期的教育是人生发展中的重要阶段！《纲要》要求要在一日活动的各个环节，为幼儿创设良好的精神环境。我通过利用碎片时间，充分创设良好的集体生活氛围，给孩子展示的机会，在活动中自然建立起良好的师生关系和同伴关系，让幼儿在积极健康的人际关系中获得安全感和信任感，发展自信和自尊，在良好的班级文化的熏陶中学会自信，形成基本的认同感和归属感，在帮助幼儿成长的过程中教师也感受浓浓的幸福感。

幼儿教师职业幸福感案例二

《老师的新发型》

和孩子在一起久了，因为爱孩子，孩子们也喜欢我，甚至我换一个发型都有孩子知道，有一段时间我喜欢梳这样一个发型：左耳后边用橡皮筋扎一绺儿、右耳后边用橡皮筋扎一绺儿，最后汇聚在脑后边扎一个马尾，第一天扎了这个发型到幼儿园，第二天幼儿入园时间姚姚妈妈拿着梳子和橡皮筋对我说："今天早上这孩子非要我给她扎和你一样的小金鱼头发，让我看看你是怎么弄的。"我才发现只要你在幼儿的心里，小小发型也很有影响力哦！

《美人鱼妈妈》

薇薇因为太喜欢我了就管我叫"妈妈"，没想到这一叫就叫开了，全班小朋友都这么叫我。有一天，薇薇爸爸来接她，她对我说："妈妈再见！"薇薇爸爸吓坏了赶紧说："你叫错了！叫错了！"薇薇和我心有灵犀的相视一笑，爸爸马上发现她是因为喜欢我而故意这样叫的。从此以后，孩子们在哪见到我都叫"妈妈"。他们还注意观察我哪天穿了新衣服，我穿哪件衣服最好看，还会评价：我喜欢滕老师穿粉红色的那件衣服、我喜欢滕老师穿像美人鱼一样的那条裙子。他们干脆就把两个名字连起来叫我"美人鱼妈妈"，听到这个美好的称谓，我心里美美的！我一生都会珍惜"美人鱼妈妈"这个称呼，这是孩子们对我的肯定、喜爱和赞扬，我真的觉得很幸福。

有人不止一次地问我：你们幼儿园到底是做什么的？幼儿园就是带孩子玩儿了吧？我说：对！上班就是带孩子玩儿，但你要玩儿得有水平！在带孩子玩儿的过程中教给孩子知识，发展孩子的智力，开发孩子的潜能,培养孩子活泼开朗的性格、良好的生活习惯和优秀的思想品德。和孩子一起玩儿游戏,观察各种各样的树叶,感知植物的多样性和差异性;观察不同的车辆,知道各种车辆的用途,如出租车、救护车;了解红绿灯、斑马线等等。在开展不同活动的时候,既培养了孩子的观察力等各种能力,也学会了社会知识,还培养了孩子活泼开朗的性格。

教师在孩子成长的过程中起到了重要的引领作用,只要你用心呵护他们,孩子也能感受到你的爱,会用十倍、百倍的挚爱回报你。所以把教师的职业称之为灵魂的工程师、太阳底下最光辉的职业!为懵懂少女就选择的幼儿教育这个光辉职业而感到幸运,更为此奉献一生的职业生涯而骄傲!

幼儿教师职业幸福感案例三

《美容院的乐事》

我请家长带一些干净的废旧材料:小镜子、各种护肤品的空瓶子、梳子、小盆等等材料来园,这天我把材料投放到角色扮演区。女孩子们平时就会看到妈妈在家做面膜和到美容院洗脸做皮肤保养,已经有初步经验,今天能自己操作了,特别开心。但一会儿就传来幼儿为争当客户的角色而争吵的声音,我赶紧以客户的身份说:"我今天想来做护肤,请蓉蓉美容师帮我洗脸好吗?"女孩们一看老师做客户便停止了争吵,蓉蓉可高兴了,赶紧准备了洗脸的材料,小可说:"老师,我帮你按摩好吗?"我说:"好啊!"其他小朋友也积极参与到给我按摩手和脚的活动中,因为有了老师的参与,整个活动一直在快乐中进行,在活动中让幼儿知道只有相互谦让和相互配合,才能愉快而顺利地开展游戏。别看这些小游戏简单,孩子们可喜欢了,家长来接都不愿回家。今天孩子这么高高兴兴地离开你,明天他还想早早来上幼儿园,孩子这么喜欢我,所以我天天都喜欢幼儿园的班级工作。

常言说:在家靠父母,出门靠朋友。幼儿在家靠的是父母,在幼儿园老师就是孩子的保护伞,想想这么多孩子交到你手里,你要负责任地把他们带好。光有技能还不行,还要有爱与责任,教师是一个"多心"的职业。孩子是家庭的核心、父母的世界,带好一个班就温暖了几十个世界!

幼儿园教师也会有烦恼，每天都有许多问题要解决：谁打人了、谁又抢玩具了、谁挑食、谁不睡觉了等等，把要解决问题变成快乐的事就不会烦恼。孩子调皮是正常的，关键在于自己是从什么角度去看问题，看问题的角度不一样，心情就不同。我在一本智慧语录里看到这样一句话：刻意寻找别人过失，而且容易发怒的人，苦恼越来越多，而离开无烦恼的境界也就越来越远。热爱工作的人，一定是快乐的。只要我们干一行爱一行，就能获得这种最朴素的快乐。

一个老师说：自己的孩子都上大学，年龄大了，以为会越来越不喜欢孩子，可是，看到孩子甜甜的笑容，对我信任的、依恋的眼光，不经意间发现我还是很喜欢孩子。我说是孩子激发出了教师的母性，也只有教师把幼儿当成自己的孩子一样看待和爱护，与孩子之间建立了一种亲情时，才会对孩子产生这种母爱，就像你的妈妈爱你一样，这是多么美好的感觉，幼儿教师就是在平凡岗位品味职业之美。

我们教师要用爱心去做教育，用责任唤起教师的爱心，爱与责任犹如一副担子，缺一不可。幼儿园教师是最快乐、最幸福的，因为可以天天与活泼可爱的孩子们一起开心地游戏、愉快地探索、快乐地交谈。教育对象是美的：一群充满生命灵性、天真可爱的孩子们；教育过程是美的：在与孩子们互动式的发展中聆听生命之音，萌生灵感；教育结果是美的：通过教育，稚嫩的孩子们逐步走上美好的未来之旅。幼儿园教师的职业之美就存在于幼儿园一日生活的方方面面，就存在于幼儿教育生活的角角落落，只是我们没有用心去关注、去发现。正像艺术家罗丹所说：美是到处都有的，对于我们的眼睛，不是缺少美，而是缺少发现。当孩子牵着你的手，拽着你的衣角，呼啦啦地跟在身后时，能体验到作为一名幼儿教师的快乐感受，当孩子们拥在身边不愿离开老师和生活了三年的幼儿园时，就能深刻品味到作为“幼教人”的幸福与责任；当我们从浮华的嘈杂声中静下心来慢慢品味幼儿教育职业带给自己的种种感动，我们惊奇地发现：原来自己就沉浸在幸福的海洋里。

幸福是一种非消费性的、持久的、祥和的、发自内心深处的愉悦感受。这份感受不是预成的，也不是别人给予的，而是在自己和孩子们共同成长的过程中逐步生成的，是由幼儿教育生活本身成就的。这是一个感悟的过程，也是一个创造的过程。正是在对这一过程的追求中，我们才慢慢体会到幼儿教育的魅力，从而不断品味来自这份职业的自豪与幸福感，从而执着于幼儿教育质量的提高。我们越早认识到这一点，就会越早在幼儿教育生活中把握自我发展的主导权,就会更执着于幼儿教育事业的发展,也就会越早享受到幼儿教师的职业之美!

第三节　幼儿教师的教学素养

教学是一门艺术,是一门师幼交流思想的艺术。幼儿教师的教学素养,在很大的程度上决定着幼儿在课堂上的脑力劳动效率。作为幼儿教师,我们要根据幼儿的身心发展特点,设计教学各个环节,从而让幼儿获得更多的发展机会。幼儿教师应具有多方面的教学素养,如课程设计素养、教学语言技能素养、说课素养、评课素养等。

一、课程设计素养

教学设计是对幼儿教育教学的具体计划,要根据课堂教学中的许多动态因素,考虑如何引导幼儿,如何保持课堂教学的生动性和有效性。课程设计是备课诸多环节中一个重要的方面,教学设计质量的高低,决定着课堂教学效果的优劣。

(一)课程设计素养的概念

幼儿园教师的课程设计素养是指活动设计、主题或单元设计、年级整体课程设计等一系列行为方式,是幼儿园教师有别于中小学教师的重要专业技能。幼儿教师上课之前对教学过程要进行总体设计,解决一节课应选择怎样的教学内容,为什么选择这些内容,它含有哪些儿童需要学习的知识,它有助于儿童哪些能力的发展,它能为儿童解决哪些现实问题,还有教学过程的实施方案等一系列行为方式,也是课程设计素养。

(二)课程设计素养的意义

课程设计素养是对幼儿教师职业的一项基本要求,是从事幼儿教育必须掌握的一项基本技能。

1. 课程设计是提高教学效果的起点和基石

幼儿教师进行课程设计，不仅要熟悉《0 到 3 岁学习指南》中每一节课的教学目标确定，还要从选材的把握、整合到教学环节的设计上进行巧妙处理、精心设计、科学安排。教师在课程设计过程中如果考虑不细致，准备不充分，就难以避免幼儿园教学的盲目、随意性，难以保证教学活动的合理密度，从而影响教学的效果与质量。

2. 认真进行课程设计是幼儿教师事业心和责任感的具体体现

课程设计是否具有广度、深度，基本上是由教师的投入程度决定的。教学是教师的天职，设计好授课方案才能上好课。教学设计过程中，工作敷衍、草率的教师，是对教学工作不负责任的，其职业道德是应该受到谴责的。

3. 根据幼儿生活中的经验进行教学设计是关键一环

课程设计是幼儿教师，特别是高校学前专业的学生必须高度重视的一项基本技能，精心设计准备好每一堂课的各个环节是幼儿教师走向事业成功的起点。

二、教学语言技能素养

教师职业对语言有着特殊的要求，教师应具备一定的语言艺术素养，所以，幼儿教师应努力提高自己的语言艺术素养，这不仅是教学工作的需要，更是出于对幼儿负责的态度，也是作为一名优秀教师必备的基本专业素质。

（一）教学语言的概念

教学语言是指教师在教学过程中使用的语言，它是教师传递知识信息、开发学生智能、渗透德育的媒体，是运用于教育教学实践之中、符合教育教学需要、适应教学对象心理特征、遵循语言规律的职业语言。虽然随着科技的高度发达，现代化的教育方法被广泛运用，但是，这些方法都无法取代教师的教学语言。因为仅有先进的教学方式与现代化的教学设备,无法实现教师与学生在课堂教学中的双向交流,无法表现教师的思想、感情、个性、风格以及师生之间的交流。因此,教学语言在教学中是十分重要的。教师良好的有声语言,是学生学习祖国语言的榜样,教师的教学语言直接影响着学生的语言能力的培养。

(二)教学语言的基本特征

教学语言除了具备一般语言的共性以外,还有它自身的特性,概括来说主要包括以下几点:

1. 教育性

教师在课堂教学中,必须注意语言的教育性。教学语言的教育性主要体现在以下几方面:

第一,教师应在教学过程中,结合所教的内容对学生进行高尚的思想道德情操教育和美的情感教育。

第二,在课堂上,教师应将教学语言的教育性渗透在组织教学的语言里。

第三,教学语言的教育性还体现在传授知识时,教师讲授的真实性与正确性,能否使学生信服。在表扬和批评学生时能唤起相应的情感体验,使教师对学生的要求转化为学生对自己的自觉要求,把教师看作榜样。因而,教师在课堂教学中必须言行一致,在思想、道德,情操各方面提高自身修养,更好地发挥教学中语言的教育性。

2. 科学性

教学语言的科学性是使教学内容科学、准确的重要保证。教学语言的科学性就是指教师用准确的语言传授知识,在教学中应注意以下几个方面:

第一,用语准确,语句合乎逻辑。

第二,比喻恰当,观点正确。

3. 简明性

教学语言的简明性是由教育、教学的特殊任务所决定的。教师的语言不简明,势必会给学生接收教学信息带来困难。教学的简明性也是由其特定的环境和表达方式所决定的。一节课的时间有限，在有限的时间内要把较多的知识传递给学生，语言的表达就必须简明扼要。

4. 启发性

启发性包括三层意义：

第一，启发学生对学习目的的认识，激发他们的学习兴趣、热情和求知欲。

第二，启发学生联想、想象、分析、对比、归纳、演绎。

第三，启发学生的高尚情感和审美情趣。

在教学活动中，教师不能仅满足于自己讲课准确、生动、清楚，还必须注意使用富有启发性的语言，激发学生的学习积极性与主动性。

5. 可接受性

教学语言一定要具有可接受性的特征，因为教师上课时不是背诵讲稿，而是在充分准备的基础上，一边按计划讲解，一边注意观察学生的反应，及时调整自己的教学语言。发现学生有难以理解的、没听明白的问题，应随时选用学生易懂的词句，或改变叙述的方式，直到学生理解为止。

（三）幼儿教师教学语言的特点

幼儿基本不识字，他们所接受的教育，获得的知识基本上来自成人的口耳相传，在幼儿园主要是教师的口耳相传。因此，幼儿教师的语言指导在幼儿园活动中起着重要作用。幼儿园教师的教学语言一定要具有以下特点：

1. 能够用准确流利的普通话与幼儿交流

幼儿园教育主要是通过教学口语来完成，幼儿教师说一口准确流利的普通话是其必备的专业素质。由于幼儿的模仿力强，教师的普通话水平直接影响孩子的发音与表达。因此，教师不仅要能说准确流利的普通话，还应系统掌握汉语语音知识，学会自如调控自己的发音器官，做到准确发音，还要具有一定的听音、辨音能力，能注意到方言与普通话的差异，能及时纠正幼儿发音的错误，还能找出一些规律帮助孩子区分和记忆,让孩子学会说标准的普通话。①

2. 具有得体的师幼互动语言技巧

教师与幼儿对话要掌握一定的技巧。

(1)要温和、悦耳、亲切

幼儿有期望得到成人"爱抚"的需要。如果教师用冷漠的语言与幼儿对话,幼儿会很敏感地觉察到,他会用同样冷漠的态度回答。而温和亲切的语言能使幼儿获得安全感,使孩子愿意与教师亲近,乐于接受教师的教诲。

(2)要简洁易懂

心理学研究证明,年龄越小的孩子注意的稳定性越差,瞬时记忆不发达,对较长或复杂的语句理解比较困难,而且情绪不稳定。教师要以坚定的语气向孩子提要求,切忌过多重复、唠叨。另外,向孩子提要求尽可能使用单一指令,因为要让幼儿一下子记住几个指令并连续完成是不现实的。

(3)要多用鼓励欣赏的语言

鼓励欣赏的语言是积极的,能够强化幼儿的行为,使他们主动内化教师的要求。

(4)要注意倾听

在幼儿回答问题时,教师要注意倾听,并用语言、眼神、表情等手段给予肯定与赞许,在幼儿找不到确切的词汇来表达时,会及时帮助他说完自己的看法或表达的意思。不随意打断幼儿的回答或否定幼儿的不同答案,理解幼儿的感受和想法。

3. 会说儿童语言

幼儿教师的语言表达仅仅做到标准、清晰、规范还不够,还必须实现语言的"儿童化",也就是用儿童的眼光、儿童的思维来表达。一般来说,教师要用儿童化的语言绘声绘色、声情并茂地给幼儿讲故事、朗诵儿歌、儿童诗歌,引导孩子阅读绘本,才能让孩子听得懂,他们也会喜欢,积极地参与到教学活动中来。

教师与儿童对话可以是语言对话,也可以进行非语言的对话。在教

① 刘启艳,瓦韵青.幼儿教师专业能力发展策论[M].北京:中国财富出版社,2016.

育教学过程中，二者相辅相成，相互促进。

(1)语言对话

语言对话是指教师与幼儿之间以语言为媒介进行的对话。

(2)非语言对话

非语言对话是指教师与幼儿之间以非语言的方式(主要是引导幼儿通过审美体验和领悟)就作品或与作品相关的内容进行的对话。对于孩子来说，非语言对话不但可以激发他们的欣赏兴趣和潜能，丰富他们的审美体验，而且可以扩大他们的眼界，让他们获得自由表达自己的体验和宣泄个性存在的机会。以美术欣赏活动为例，教师可以用以下方式开展非语言对话：

①对比法

对比法即教师通过引导幼儿对不同作品的表现手法、表现形式以及表现风格的比较，提高幼儿对作品形式的审美能力。

②情境法

情境法即教师通过为幼儿创设与作品相关的场景，或将幼儿带入作品表现的自然情境来丰富幼儿的感性经验，激发他们对艺术作品进行欣赏的动机。

③想象法

想象法即教师引导幼儿积极大胆地对作品进行想象，以便更加深入地理解作品表达的情感。

④发现法

发现法即教师充分调动幼儿已有的审美经验对作品进行分析和理解。

⑤创作法

在幼儿欣赏过画家们的作品之后，常常会产生创作的冲动与愿望，这时教师应该适时地提供各种创作材料，满足孩子们的要求，让他们在自由、忘我的创作中再次与艺术家进行对话。

在教育教学过程中，教师与儿童对话不仅是一种重要的教学方式，更是一种新的理念。它充分体现了教育的平等与民主，文化的沟通与理解，知识的建构与积累，智慧的萌发与升华。这些对儿童将来的发展带来不竭的动力，使师幼之间的情感交流水乳交融。

4. 语言具有多适应性

幼儿教师的语言具有多适应性,就是说在幼儿园的教育教学活动中,教师的教学语言要适应不同的幼儿。因为处于同一年龄段的幼儿,由于家庭环境、个性的不同,其在接受教育获取知识等方面存在着差异。所以教师的语言应考虑幼儿现有语言接受能力,因人而异,通过教育教学活动来促进幼儿学习语言,提高语言表达能力。

三、说课素养

说课是教师以教育教学理论为指导,在精心备课的基础上,面对同行、领导或教学研究人员,主要用口头语言和有关的辅助手段阐述某一学科课程或某一具体课题的教学设计,并与听者一起就课程目标的达成、教学流程的安排、重点难点的把握及教学效果与质量的评价等方面进行预测或反思,共同研讨进一步改进和优化教学设计的教学研究过程。

说课是教学改革中涌现出来的新事物,随着我国基础教育和新课程改革的迅速发展、教学研究活动的不断深入,说课这种形式的教研活动日益为广大教师所重视,在各级各类学校的教研活动中,它是进行教学研究、教学交流和教学探讨的一种新的教学研究形式。

(一)说课的作用

说课具有重要作用,概括来说主要包括以下几方面:

1. 有利于教师教育教学水平与能力的提高

说课重在讲依据、说原理,这就要求教师较为系统地学习教育教学理论知识,不断提高自身的理论素养,否则,无论是说课还是评课都不会深入,难以达到预期的效果。说课的过程本身就具备了教育科研的特征。此外,说课要求教师用语言表达自己的设计思路,这也有助于提高其语言组织能力和表达能力。

2. 有利于促进课堂效率的提高

由于说课的对象是水平相对较高的教师、专家和教研员,这就促使教师在准备说课稿时认真对待。无论是课前说课还是课后说课，都要接受听说课的教师、专家和教研员的集体评议。这种评议可以帮助说课教师发现课程设计中存在的问题，进一步明确教学的重点、难点，厘清教学的思路，并及时对课程设计作进一步改进，从而有效提高课堂教学的效率。

3. 有利于促进教师教学交流与合作

说课者要用清晰、准确的语言，有条理的述说课堂教学设计思路，而听说课者除了听之外，还要给说课者做出恰当的评价。这种有效的信息交流，促进了教师之间的互相切磋、互相学习等良好风气的形成。

4. 有利于促进教师教学规范

说课要求说教学目标、说教学内容、说教法、说学法、说教程、说练、习设计、说理论依据等，这就使教师，特别是新教师和高等师范院校的师范生明确教学的基本工作规范和教学的基本环节，符合当前课程改革中倡导的在课堂教学所强调的重学法、重教学过程、以学生为本、因学论教等教育理念。

5. 说课有利于提高教师教学质量

从说课内容上来说，说课并不是对于教材的简单描述，它不仅要说明“怎样做”，更要说明“为什么这么做”，这就要求说课教师在说课的内容上不仅要有实践经验，还要有理论指导，所以教师为了达到良好的说课效果，就要不断学习强化专业知识，要学会用理论指导实践经验，从而提高教学设计的能力和教学质量。

（二）说课的基本要求

1. 说课前的准备

(1)树立新课程理念

面对当前的新课程改革，新、老教师都必须娴熟掌握各种新的教育理念、教学技能，为走上讲台做好充分准备，让新课程理念日渐渗透并内化于自己将来的教学生涯之中。

(2)注意讲台新形象

一位衣着整洁、自然爽朗、落落大方地说课者站在大家面前,配以简洁、生动、流畅且富有感情的语言侃侃而谈的时候,留给大家的不仅仅是说课的良好形象,更是一种美的享受。所以,幼儿教师一定要注意讲台形象。

2. 讲述语言和课堂教学语言相结合

说课的语言表述除了准确流畅、生动形象、富有节奏感这些基本的要求外,还应做到讲述语言和课堂教学语言相结合。讲述语言是指客观的陈述性语言,说课的过程是一个由教师讲述教什么、怎样教和为什么这样教的叙述过程。因此,说课应当以讲述语言为主,课堂教学语言为辅进行说课。如在说教材和教法、学法的时候,应该以讲述语言为主。而在说教学过程设计的时候,由于说的是怎样教,为了让听者听清楚课堂教学是怎样一步一步实施的,就需要置自己于课堂教学的情境之中,可以使用课堂教学语言,像实际的课堂教学那样,有问有说。

3. 掌握说课的技巧

按照一定程序科学地排列各项说课内容,这是说课的基本要求。一次完整的说课活动可以按如下顺序进行:说课程标准—说学情—说教材—说教法学法—说教学过程—写出说课稿—登台说课—评后修改—上课再实践—总结提高。下面主要对说课程标准、说学情、说教材、说教法学法、说教学过程进行简要阐述。

(1)说课程标准

说课程标准是新课程体系下的一个新要求,在说课过程中既可以单独进行,又可以与说教材结合,关键是说清楚课标中关于一节课的教学指导思想和一些原则性的要求,它是前提和依据。

(2)说学情

说学情即学情分析,是说课的第二个程序,它是三维教学目标确定的依托和教法学法确定的依据,不容忽视。它包括对学生学习态度的分析,对学生知识、技能的分析,对学生基本能力的分析,对教学中学生可能出现的困难、问题的分析。其中对学生已有基本知识和技能储备的分析至关重要,是学生进入下一阶段学习的前提和准备。

(3)说教材

教材是课程资源的重要组成部分,能否驾驭和组织好教材体现了一个老师的基本功。说教材包括说清楚课标中关于教材内容的具体要求,以及地位和作用,依据学校、学生与地方的实际判断是否需要重组或深化教材,然后根据内容和学情分析确定三维目标、教学难点和重点及教材处理上值得注意探讨的问题等。

(4)说教法学法

教法与学法这一部分的说课是师生课堂活动的体现。现代教育理念提倡学生学会怎样学习,因此,说学法是必需的。有什么样的教法就有什么样的学法,教师的教法与学生的学法之间应是相互依托的。教师只要说清楚方法背后的理论依据,注意教法得当学法合理即可。

(5)说教学过程

说教学过程是说课的重点部分,通过它才可以看见说课教师对教学的独到安排、教学个性和创新意识,说课的核心是说清楚"为什么这样教"。如果可能还应对整个教学过程做出一些动态性预测,考虑可能发生的变化并说出相应策略调整方案。

(三)说课的注意事项

1. 说课与上课的混淆

上课的对象是学生而说课则是同行,因此,上课重点是"怎么做",说课重点是"为什么要这样做"。说课中目标的确立、重难点的确定、采用的方法手段、程序的预设、板书作业设计等,必须体现出其背后的原因。

2. 说课稿与教案的混同

教案是教师备课后的成果,是教师写给自己看的,详略由教师自己决定,其作用是为了让教师完成教学任务时胸中有数。

而说课稿则是要说给别人听、写出来给别人看的。所以,在"说"或"写"的过程中多半采用第一人称"我",写说课稿重点在于讲清楚为什么这么讲,而不是讲什么,怎么讲。

四、评课素养

教研活动中,分析和评议课堂教学是一项最广泛、最经常的活动,其核心在于交流教学经验,切磋教学艺术,提高教学理论水平。

(一)评课素养的概念

评课也称课堂教学评价,即听课活动结束之后,对任课教师的教学行为是否符合现代教学观,并对课堂教学的得失、成败进行评议的一种活动。评课是教学评价的重要组成部分,评课技能是师范院校学生必须掌握的基本技能。

(二)评课素养的特点

评课素养具有显著特点,概括来说主要包括以下几方面:

1. 目的性

评课的最终目的是要激励执教者自我反省、树立自信、尽快成长,成为课堂教学乃至改革的中坚力量。因此评教语言应热情诚恳,注意评价的方向和火候,要达到促进课堂教学不断改进的效果,评课时应把提高课堂教学质量作为评课的出发点和归宿,提出该课可以进一步改进之处。

2. 多样性

在教学过程中要体现出教学方法的多样性,教学方法的多样性是由教学活动的复杂性决定的。同一个班的学生,面对不同的教师与课程,会有不同的表现,所以教学方法切忌单调死板。评课时,教师应形成自己的教学风格,引导学生积极、主动地学习,使课堂教学超凡脱俗,常教常新。

3. 差异性

对不同的讲课人采用不同的评议要求。如对年轻的新教师要以鼓励为主,首先肯定他的优点和长处,然后分析存在的问题及产生的原因,最后要指明今后努力的方向；对有经验的老教师要严格要求，在肯定他的成功经验的基础上，要从教育理论和教学改革的高度去分析其不足之处，使他能更上一层楼。

（三）评课素养的作用

1. 鉴定作用

通过评课鉴定某堂课的教学效果，对教学行为、学习行为和教学结果进行价值判断，通过评课来比较、区分教师的教学能力和学生的学习效果。

2. 指向作用

评课时，任课教师与听课教师以讨论的形式，通过评课过程的交流，不断地反馈和调节，可以使教师发现教学中存在的问题，并得出改进的途径和方法，以确保课堂教学朝着科学、有效的方向发展，促使教师不断改进教学，使学生的学习能力不断得到强化和提高。

3. 互助作用

评课的过程也是教师之间互动的过程，是研究课堂教学的一种最有效的方法和手段。这种互动有利于教师之间互相学习、切磋技艺和交流心得。它可以起到促进相互学习、交流切磋、合作进步、形成教学风格的作用，同时也可以发现不足、推介经验、了解动态、发展理论、提升教研效率。

4. 改进作用

评课能够明确为达到一定教学目标所应选择的方法和程序，为教学研究和教学实践提供必要的信息。同时，通过评课能够及时获得有关教与学的反馈信息，可查清教师教学质量一直很差的原因，对教师钻研教材、处理教材、了解学生、选择教法、设计教学程序诸方面做一透视，分析产生问题的原因，从而判断教学过程是否有效。

第四节　幼儿教师的心理素养

幼儿教师的心理素养是具有专业性和职业性的社会文化心理素养，它是幼儿教师的职业社会职能对幼儿教师心理素养的文化价值规范。构建良好的心理素养系统,对幼儿教师形成健全人格有着至关重要的作用。可以从以下几方面来加强幼儿教师的心理素养：

一、为幼儿教师成长营造宽松和谐的环境

营造宽松和谐的人际环境的关键在园领导,领导要树立协调一致的良好园风、班风、教风和学风等,对教师要以人为本,建立和谐、友好的领导与被领导的关系,使幼儿教师在健康积极的氛围中工作。

二、加强对幼儿教师的心理健康培训

幼教机构或上级主管部门应采取合理措施有效维护教师的心理健康。如定期举行相关的心理健康教育讲座或团体培训,提高幼儿教师对心理健康的认识,学习处理各种心理问题的应对技巧,对幼儿教师关注幼儿的心理健康和对幼儿进行适当的心理健康教育等。

三、幼儿教师要积极主动调适自己的心态

幼儿教师的工作压力较大,就会出现职业倦息的倾向。但作为教育者,幼儿教师要积极主动地调适自己的心理状态,要树立明确的工作目标和人生期望。生命的价值取决于自己,幼儿教师要正视现实,变压力为动力,树立正确的世界观、人生观、价值观,学会调适,使自己处于积极的、健康的、良好的状态。这样不仅有利于幼儿教师自身的生理健康,提高工作效率,促进自身专业化发展,也有利于促进幼儿的心理健康发展,打造一个阳光的积极的集体。

快乐工作是一种积极的职业态度，是乐于从事教育职业。具体是指教师乐于与幼儿分享知识、经验、智慧、情感，与幼儿共同成长，共同幸福。人生的真谛在于追求幸福和完满，我们需要从职业生活中主动去追求那份属于自己的快乐，做乐业的幼儿教师。

乐于教学是教师认真做好备、教、辅等常规教学工作，这种认真不是出于一种外在规范的驱动，也不是为了某种功利，而是发自内心，在教学过程中饱含热情和志趣。教师在上课的过程中，要用自己的真情打动幼儿，创设特定的课堂情感氛围，做到吸引幼儿，让幼儿喜欢上课，最重要的是把自己的领悟传授给幼儿。

第五章 启迪思维：园本培训与幼儿教师专业发展

园本培训犹如及时雨，丰富了教师的阅历，解决了教师的实际困难，不但有助于教师提高教育教学实践能力，而且还培养了教师对幼儿园的归属感，让教师感受到幼儿园是自己专业发展与快乐成长的精神家园。本章即对园本培训的相关内容进行系统研究。

第一节 园本培训概述

一、园本培训的概念

园本培训是指由幼儿园组织发起，立足于本园实际情况，以本园教职员工为培训对象，以本园教师为主要培训师资，以提高育人实践能力为核心，旨在提升园所整体实力与教师专业发展的在职教育活动。

二、园本培训的作用

园本培训是继续教育的重要组成部分，为幼儿教师搭建了互教互学与终身学习的平台，也是教师教育的一种新形式。园本培训具有重要作用，概括来说主要包括以下几方面：

(一)园本培训提升保教水平

2014年3月,云南省一所幼儿园发生32名儿童集体中毒并导致2名儿童死亡的事件。经过公安部门调查,这起中毒事件不是因为幼儿因供餐引起的,而是一名儿童从外面带来零食到幼儿园里食用所引发的。家长让幼儿带食品到幼儿园是经常发生的事情,有的幼儿园和班级教师担心拒绝家长的好意会引发家长的不满,于是就迁就幼儿及其家长了。

允许家长让幼儿带食品进班级分享,既有教师"盛情难却"的外在原因,也反映了幼儿园在健康管理、健康教育及家庭教育指导等内部管理规范和培训教育方面存在的问题。任何人都不得私自带食品入班级进行所谓的"分享教育",即使小朋友过生日也要采取其他活动形式。教师要耐心地做家长的工作,对他们晓之以理,让他们明白,幼儿园的孩子分享家中带来的食品既存在食品安全隐患,又会影响孩子在园的正餐摄入量,还容易让孩子形成攀比之风。幼儿园的规定可能辜负了一些家长的好意,有些家长也许会认为幼儿园太死板了,尽管如此,教师和家长务必要遵守规定。①

幼儿园的保教工作犹如"麻雀",虽小但五脏俱全,具有全面整体性。因此,班级保教人员的教育观念要具有整体性,教育内容要具有整合性。而这一切都需要学习与锻炼,唯有园本培训才能帮助教师提升保教水平。

(二)园本培训增强特色建设

由于幼儿园之间存在竞争,也由于幼儿园整体发展水平普遍提高,因此幼儿园能否办出自己的特色,既是满足生存的需要,也是高水平发展的需求。如今的幼儿园仅仅开园托管已经不能满足人们对幼儿教育的需求,人们希望自己的孩子进入一个既安全放心又能获得良好教育的园所。

某所幼儿园重新装修之后,面貌焕然一新,园领导希望趁势而上,申报示范园。示范园作为当地幼儿园的最高办园标准,要求幼儿园办得有特色,具有示范意义。于是,园长就思考特色建设问题,并请社会上的美

---

① 晏红.园本培训促进幼儿教师专业发展[M].北京:中国轻工业出版社,2015.

术工作室专业人员来幼儿园打造美术教育特色环境。幼儿园的美术环境很快就铺天盖地创建起来，各种美术作品琳琅满目。其间，美术工作室人员加班加点创建专门的美术活动室，老师加班加点做手工装饰班级环境，让人一看就能感受到浓厚的美术教育氛围。但是，最终该园没有通过美术教育特色的示范园验收，因为幼儿园缺乏三年以来的美术教育园本教研过程，班级老师并没有完全掌握小、中、大班幼儿在不同年龄阶段的美术教育特点。验收专家还随机与个别老师访谈，了解班级教师对幼儿园特色的理解与感受，发现教师所想与园长所说并不完全一致，教师的认识需要进一步统一与提升。①

由此可知，特色建设不能靠包装、走形式、造概念，不能只是园长及个别领导的意志，它需要通过园本培训凝聚人心、提高认识、达成共识，并引领全体教师深入了解特色教育的科学理念、内涵、方式与方法，办以幼儿全面发展为基础的特色教育，并使之体现在教师的日常工作和实践行为之中。

（三）园本培训塑造园所文化

园本培训不仅是传授岗位基本职责与基本技能的阵地，也是传播科学教育观和教育正能量的阵地。某幼儿园响应上级号召，利用双休日组织教师开展了“送教进社区”的公益活动，同时也给予教师一定的加班补贴。一位教师在领当月工资的时候发现给了加班费，但当月收入并没有增长多少，便询问会计是不是算错了。会计解释说加上加班费，个人收入就进入了上一档纳税线，这样本月个税比上月高，所以总收入并没有增长多少。这位教师有一种加班白干的感觉，向领导反映能不能由单位上缴多出的个税，领导解释说缴纳个税是公民的义务，义务是不能由别人代替的。这位教师虽然知晓其中的道理，但是心里仍然难以接受这个事实，于是对加班之事不再热心，甚至劝同事没必要加班白干。

从表面上看，教师的个税意识似乎与工作并没有直接关系，教师对个税之事保持敏感也并无不妥之处，但是过度纠结于此事，以致影响自己的工作价值感，就有碍教师的专业投入热情了。可见，文化素养与人的价值观和自觉自律精神息息相关，无论对于园所发展还是教

---

① 晏红．园本培训促进幼儿教师专业发展[M]．北京：中国轻工业出版社，2015.

师专业发展，都会产生较为持久且深刻的影响。

文化并非虚无缥缈的空谈，它通过言谈举止、行为习惯、思维方式展现出来，在细节中传递出一个人的修养以及人生观与价值观。除了微观层面的心理文化与行为文化以外，幼儿园的园风园貌也无不展示着一个园所的物质文化、精神文化与制度文化。由此看来，园本培训无疑是同所文化的一个重要组成部分。

幼儿园作为幼儿教师从事专业工作的职场，自然应该以园本培训为主要渠道，为幼儿教育专业工作者营造一个文化氛围浓厚的学习型组织。

第二节　园本培训的内容及形式

一、园本培训的内容

（一）园本培训内容的主要来源

1. 了解与调查班级教师的需求

了解与调查本园教师的实际需求，然后有针对性地开展园本培训，这是最接地气的培训内容。

（1）关注教师的主动询问

幼儿园应该接纳教师提出的任何问题，不要以为教师的问题很基础、比较粗浅而表达出不屑、不耐烦或者批评、指责的态度，否则，教师以后在提出问题时就会有所顾忌，这样就不会了解教师的真实需求。幼儿园要本着提高保教质量的目的，毫无偏见地关注并指导教师的实际工作。

（2）收集整理教师的愿望

幼儿园还可以采取发放调查问卷的方法，广泛征集教师对园本培训的愿望。然后对问卷进行整理，统计出教师提出最多的培训内容，以及排在第一位想最先得到指导的培训内容。这两个维度的问题统计出来之后,就可以按照先急后缓、先多后少的顺序安排培训内容。这些问题来自教师的真实愿望,由此选择的培训内容也应该是最能帮助教师"解渴"的。

2. 整体设计园所的长远发展与梯状目标

一般情况下,幼儿园要先做到"规范办园",才能做到"特色发展"。规范是基准,它本身也是有级别的,先是合格幼儿园,再是二级幼儿园、一级幼儿园,然后争取办成区县示范园、省市示范园。按照级别一步一步地申请验收、达标挂牌,只有这样,幼儿园的软、硬件条件才是逐步改善的,办园质量才是过硬的。其间,每次升级都伴随着管理水平与师资质量的提升,伴随着更高一级的软、硬件基准提升。如此一来,每一步都有园本培训随之到位。园本培训内容就可以按照级别验收标准逐步展开,每学期都会有重点工作,每学期的园本培训都会非常务实。

3. 领会上级主管部门的部署与要求

园长和业务干部在接到"新精神"之后,会及时传达给全体教师,通过各种形式的园本培训活动加强学习。与此同时,园长和业务干部也会有一定的压力与困惑,似乎新形势的发展来得太快,有一种唯恐跟不上的紧迫感。其实,不断出台的"新精神"其目的是为了逐步完善幼儿教育事业,它们是遵循幼儿教育基本规律的,因此园长和业务干部只要把握住幼儿园的核心工作,就会产生"以不变应万变"的从容感。幼儿园的核心工作就是通过教师专业发展促进幼儿园教育的专业化,而教师专业发展紧紧围绕着幼儿园课程建设进行推进。抓住了幼儿园的核心工作、业务工作和园本培训就有了"主心骨",也就有了应对新形势和新要求的实力。幼儿园的核心工作就是园所的常规工作,园本培训作为常规工作之一,虽然培训的具体内容丰富多变,但核心内容是相当稳定的。因此,园长和业务干部要善于围绕核心工作选择培训内容,并根据上级主管部门的新部署与新要求改进与完善培训内容。

4. 参观与借鉴其他园所的状况

在这个时代不加强学习、不创新、不交流,必然会落后于别人。所以,我们深切地感受到全国各地的幼儿园对信息交流、教师培训和专业学习的热切期盼,大家互相沟通、互相学习,出现了现代教师培训的"壮观”场面。讲座或者参观、观摩一开始，教师们就已经架好了摄像机，打开了照相机或者手机、ipad 等电子设备的录音录像功能，记下在外参加学习培训与观摩的全程或者精彩片段，以便回到幼儿园之后与其他老师分享。由此一来，这些教师就从受训者转化为培训者的角色。也许最初的培训主要是播放录像或者“鹦鹉学舌”“照猫画虎”，但这是园本培训内容的来源之一。

5. 主动请教与邀请专家指导

请专家入园指导，不能局限于只请专家做讲座。专家讲座是有必要的，但是讲座集中于专家自己的研究领域，未必是幼儿园最需要的内容，幼儿园的实践基础也未必能与专家的研究成果相对接。为此，幼儿园需要把园本培训的相关资料与内容呈现给专家，让专家对园本培训的已有做法和现状都有所了解。为提高专家入园指导的效率，幼儿园应该做好相关准备，比如整理园本培训的档案资料供专家阅读以了解情况，撰写并宣读园本培训工作汇报供专家为幼儿园理顺思路，组织一个园本培训现场活动供专家点评，等等。幼儿园准备得越充分，越有助于专家给予专业判断及理论上的支持，这将成为幼儿园调整园本培训思路与内容的主要来源之一。①

(二)园本培训的具体内容

结合对当前幼儿园园本培训工作的调查与了解，常见的园本培训内容主要涉及以下五个方面(图 5-1)：

1. 基于师德的培训

《幼儿园教师专业标准(试行)》明确规定了“师德为先”，师德与专业态度是教师职业的基准线，是幼儿园教师最基本、最重要的职业准则和规范。幼儿园也都非常重视师德培训。

(1)加深职业理解与认识，树立成熟的职业观

《幼儿园教师专业标准(试行)》在职业理解与认识方面有五个基本要求：

---

① 晏红．园本培训促进幼儿教师专业发展[M]. 北京：中国轻工业出版社，2015.

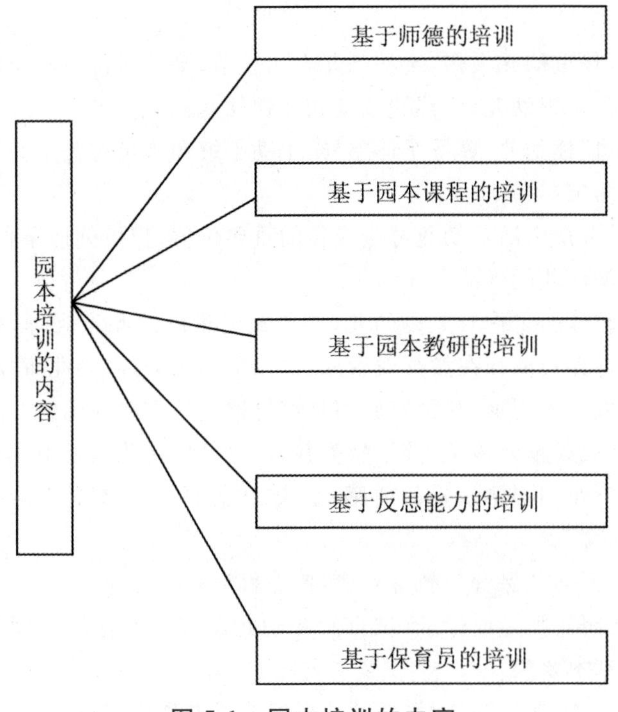

图 5-1　园本培训的内容

第一,贯彻党和国家教育方针政策,遵守教育法律法规。

第二,理解幼儿保教工作的意义,热爱学前教育事业,具有职业理想和敬业精神。

第三,认同幼儿园教师的专业性和独特性,注重自身专业发展。

第四,具有良好职业道德修养,为人师表。

第五,具有团队合作精神,积极开展协作与交流。

以上五个基本要求反映了幼教职业的基本特点及其行为规范,幼儿园可以围绕这五个基本要求调查和了解本园教师所存在的主要问题与具体表现,在园本培训中采取具体问题具体分析的方式,对教师晓之以理、导之以行。

(2)尊重幼儿的身心发育特点,树立正确的儿童观

《幼儿园教师专业标准(试行)》在对幼儿的态度与行为方面有四个基本要求:

第一，关爱幼儿，重视幼儿身心健康，将保护幼儿生命安全放在首位。

第二，尊重幼儿人格，维护幼儿合法权益，平等对待每一个幼儿。不讽刺、挖苦、歧视幼儿，不体罚或变相体罚幼儿。

第三，信任幼儿，尊重个体差异，主动了解和满足有益于幼儿身心发展的不同需求。

第四，重视生活对幼儿健康成长的重要价值，积极创造条件，让幼儿拥有快乐的幼儿园生活。

幼儿教师的工作对象是幼儿，如果缺乏正确的儿童观，师德就缺乏保障。教育界长期存在教师或者家长“以爱的名义”限制儿童发展、阻碍儿童健康成长的现象，其根本原因是没有把爱建立在正确的儿童观基础之上，导致成人越爱孩子，孩子越受其害。所以，幼儿园要引领幼儿教师和家长将专业知识融入爱的情感，摆脱“无知的爱”，不要再给孩子带来“无心的伤害”。

(3)掌握幼儿保育与教育规律，树立科学的教育观

《幼儿园教师专业标准(试行)》在幼儿保育和教育的态度与行为方面有六个基本要求：

第一，注重保教结合，培育幼儿良好的意志品质，帮助幼儿形成良好的行为习惯。

第二，注重保护幼儿的好奇心，培养幼儿的想象力，发掘幼儿的兴趣爱好。

第三，重视环境和游戏对幼儿发展的独特作用，创设富有教育意义的环境氛围，将游戏作为幼儿的主要活动。

第四，重视丰富幼儿多方面的直接经验，将探索、交往等实践活动作为幼儿最重要的学习方式。

第五，重视自身日常态度言行对幼儿发展的重要影响与作用。

第六，重视幼儿园、家庭和社区的合作，综合利用各种资源。

以上六个基本要求从正面表达了幼儿教师在幼儿保育和教育方面应有的态度与行为，那么，幼儿园以此反观本园教师的教育态度与行为，就可以发现本园教师存在的问题，并以此为切入点引领教师不断更新教育观念，帮助教师用科学的幼儿教育观塑造自己的专业素养。

保教结合是幼儿园教育区别于中小学教育的典型特点，在实际工作中主要体现在三个方面：

第一,在教育态度上体现为幼儿的保育与教育同等重要。

第二,在教育行为上体现为保中有教,教中有保,保教合一。

第三,在教育关系上体现为教师要兼顾保育意识,保育员要加强教育意识。

因此,园本培训一方面要加强教师的保教结合意识与能力,另一方面应培养教师与保育员的合作意识与态度。只有这样才是保教结合,才是共同为幼儿的健康成长保驾护航。

幼儿园与家庭及社区的合作关系,被《幼儿园教师专业标准(试行)》视为教师对幼儿保育和教育的态度与行为,实则强调家园共育和教师对家长的家教指导是教师保教结合的内容之一,强调了《纲要》所提出的"家庭是幼儿园重要的合作伙伴",这对当今的园本培训是一个重要的提示。如果幼儿园对此进行有计划的、系统的、专业的研究、指导与培训,那么班级教师就更有能力整合家长与社区的教育资源,为幼儿的身心发展提供更加强大的教育力量。

(4)主动加强自我修养,树立良好的仪表形象

《幼儿园教师专业标准(试行)》在个人修养与行为方面有五个基本要求:

第一,富有爱心、责任心、耐心和细心。

第二,乐观向上、热情开朗,有亲和力。

第三,善于自我调节情绪,保持平和心态。

第四,勤于学习,不断进取。

第五,衣着整洁得体,语言规范健康,举止文明礼貌。

对教师来说,师德是一个逐步建构的过程,是在人的成长过程中经历一个从无到有、从不稳定到稳定、从不成熟到成熟的修炼过程,而人的性情、性格、心态、主观能动性以及个人阅历和成长环境都在影响着师德的形成。师德修成之时,也是个人修养练就之时。所以,幼儿园要关心教师的人格成长,让幼儿园不仅是教师工作就业的场所,也是教师心灵成长的家园。

2. 基于园本课程的培训

园本课程建构激发了幼儿园教育改革的潜力与活力,也给幼儿园带来了很多困惑与挑战,每所幼儿园都在自己的原有基础上进行探索,诚实地面对自己的问题,努力地解决着自己的问题。园本课程需要研究和

培训的内容非常多，涉及不同的领域与层面。在此集中探讨班级教师在建构园本课程过程中遇到的主要问题，为选择园本培训内容提供启发与借鉴。

(1)教师不清楚本园的园本课程

幼儿园的业务管理者对本园的园本课程是最清楚的，然而很多管理者却没想到班级教师未必很清楚本园的园本课程是什么。在一项针对园本课程的调查问卷与访谈中，某园教师对"本园使用什么课程"的回答五花八门。从教师们的回答可以看出，教师对幼儿园的园本课程模糊不清。众所周知，如果全园教师对园本课程缺乏统一的认识，那么将影响园本课程的发展与实施。

鉴于园本课程建构过程中出现的一些不可避免的变动性与复杂性，业务管理者需要加强课程领导力与专业判断力，以真正促进幼儿学习与发展为最终目的来优化课程结构。同时，还要加强基于园本课程的园本培训，与教师一起探索各种教育理念与教育方法之间的一致性及冲突性，提高教师对园本课程的统一认识与整合建构能力。

(2)自由与自律的课程权力不均衡

园本课程建构是一个课程权利逐步下移的过程。《纲要》指出："教师要根据本《纲要》，从本地、本园的条件出发，结合本班幼儿的实际情况，制订切实可行的工作计划并灵活地执行。"这样，国家放权给地方，地方放权给幼儿园，幼儿园放权给班级教师，因此，班级教师的课程权力是很大的。教师有了选择教育内容与教育组织形式的自由，有利于根据本班幼儿的兴趣与水平，设计出符合本班幼儿实际需求的各种教育活动。但是要想达到这种效果，需要教师在观察幼儿、分析幼儿、教育观念以及教育策略上有较高的专业水平，更需要教师有自觉自律的专业意识，否则不利于教师的专业发展。

园本课程给予教师的自由权力越大，对教师的自律意识要求也越高，自由与自律这一对矛盾关系对幼儿园的业务管理水平和专业指导水平也提出了更高的要求。

(3)受陈旧教育观念的束缚

在幼儿园课程改革过程中，"穿新鞋，走老路"的现象一直存在，这是因为知识化的课程意识、小学化的幼儿教育等陈旧观念一直在根深蒂固地影响着教师，教师却很难自我明察。因此，业务管理者要深入教师的课程建构过程，从课程的设计、组织、实施以及评价等各方面观察教师的教育观念,帮助教师解开心中的谜团,使他们逐渐摆脱陈旧观念的束缚。

(4)把园本课程狭隘理解为特色课程

当教师把园本课程解读为自己在幼儿园实施过的美术教育课程、分享阅读课程、阳光体育课程时,说明教师的课程观比较狭隘,把特色课程理解为园本课程,这些特色课程以学科课程为主,教师非常关注教学法。但是幼儿园的课程观是广义的,幼儿在园的一日生活皆为课程,幼儿园还要以游戏为基本活动,因此学科知识及其教学法只是课程的一小部分,只是幼儿在园一日生活的一个环节,因此把园本课程狭隘理解为特色课程是错误的。幼儿园要把先进的园本课程理念置于幼儿的一日生活之中,观察和指导教师在一日生活的各个环节贯彻课程理念,并尊重幼儿的自然发展规律,这样的课程才能真正促进幼儿的发展。

(5)难以兼顾全面发展教育

目前的园本课程取向主要有侧重理论和侧重领域两类。倾向于课程理论建构的有从小学做人、生活教育、自然教育、师幼互动、个性化教育、潜能发展、陈鹤琴教育思想、张雪门教育思想以及国外的多元智能理论、华德福教育思想等。在这些教育思想和教育理论的指导下,幼儿园引领教师逐步完善课程的编制、审议与实施。倾向于领域课程建构的有健康生活教育、户外区域体育、早期阅读、汉英整合课程、亲子课程等,园本课程在内容编制上侧重五大领域中的一个领域。即使倾向于理论建构的园本课程,也会对其中某一领域或者若干领域比较"青睐",因为这样容易使园本课程建构有切入点,有助于教师为课程理念找到内容载体。可见,总体侧重领域的课程建构,事实上让教师难以在内容上兼顾五大领域的全面性。

众所周知,幼儿教育是全面发展的素质教育,幼儿教师是"幼教全科",而不像中小学那样是"任课教师"。因此即使幼儿教师有个性、有特长,园本课程有侧重,幼儿园也应该始终坚持以教师"幼教全科"的素质实施促进幼儿全面发展的教育,这样才能确保园本课程建构的正确方向,才能在尊重教师个性与特长的基础上指导她们实施全面发展的教育。

(6)园本课程建构尚不成熟

从《幼儿园管理条例》《规程》和《纲要》可见,全国取消了统一的幼儿园课程,目前绝大多数幼儿园都处于"课程园本化"与"园本化课程"之间的状态。

“课程园本化”的幼儿园基础比较薄弱，需要外部力量的支持与指导，否则，幼儿园不知道怎样建构课程，教师不知道“该教幼儿什么”。因此，这类幼儿园可能直接与课程研发公司合作，引进现成的课程，是课程的参与主体；有的幼儿园也可能模仿和借鉴多元课程模式，鼓励教师自己去整合。如果教师遇到外来课程模式与本园和本班实情不相符的矛盾，再进行小范围的调整，教师改编的活动比较多。因此，这类幼儿园的园本课程的独立性与成熟度还不够强。

“园本化课程”的幼儿园基础比较扎实，有自主领导课程的能力，是课程的权力主体，教育内容的选择性和整合性都很强，教师有能力研发原创的教育活动；这类幼儿园也有困惑，主要是尊重任何事物都具有的螺旋式上升的发展规律，反复审视和解决幼儿教育的基本问题，在传承与创新以及课程的稳定性与变革性之间把握好平衡，使课程每前进一步，建构课程的理念、管理与师资也都成熟一步，对幼儿的发展与教育也理解得更加透彻。因此，这类幼儿园的园本课程比较独立与成熟。

由此可见，园本化课程是基于本园的课程取向。对于一个幼儿园来说没有最好的课程，只有最适宜的课程。即使幼儿园急于求成地“复制”所谓最好的课程，也未必适合自己的幼儿园。

对于所有幼儿园来说，园本课程建构都在路上，课程改革每前进一步都会触动课程体系的相关因素，出现新形势下的矛盾与问题，而要每个幼儿园自己去发现、去解决。只要园本课程总的目标和价值取向是建立在促进幼儿全面、和谐发展的基础之上，园本课程就会一步步走向成熟与独立。

3. 基于园本教研的培训

教研活动是幼儿园的常规工作之一，是教师专业发展的重要途径。很多幼儿园的教研工作已经轻车熟路，也有的幼儿园还处在摸索阶段，这就需要幼儿园加强基于园本教研的园本培训，建立研修一体化的工作机制。

(1)区分教研与科研，培育教研文化

①区分教研与科研，让园本教研接地气

很多教师对园本教研的畏惧感来源于思想意识上把园本教研等同于科研课题研究。现在，很多幼儿园既有园本教研，又申报立项课题研究，并在实际工作中把二者融为一体，这样教研与科研的区别就更加模糊不清了。区分两者不但有助于教师降低对“研究”的神秘感,而且有助于幼儿园把握园本教研的定位与方向,充分发挥园本教研的价值。

园本教研是基于幼儿园实际需要,把理论研究成果应用于实践,旨在提高幼儿教育教学质量的一种研究方式,目的是提高班级教师的教育反思能力与实践能力。科研课题研究是基于幼教事业发展需要,运用严谨规范的研究方法,旨在创建新理论和新知识的一种研究方式,目的是为幼儿教育实践提供新的理论指导。

教研与科研不是水平高低的关系,是侧重点不同的两种研究活动。教研需要深耕于实践,与具体的现实问题零距离,教师会探索很多灵活的教育策略与方法,解决问题的能力很强,但不善于分析问题;科研需要深耕于理论,与幼儿园的具体问题有一定距离,研究者掌握很多抽象的理论知识,分析问题的能力很强,但不善于解决问题。可见,科研水平高的人如果不扎根于幼儿园教育实践,也做不出符合园情的园本教研方案,无法取得专业成果。幼儿园更需要“接地气”的园本教研。

②培育教研文化,让园本教研促发展

园本教研的准确定位有助于消除教师对教研活动的畏惧感,培育教研文化则能帮助教师建立对教研活动的安全感、愉悦感和成就感。业务管理者可以围绕专业引领、同伴互助和自我反思园本教研的三要素来营造教研文化氛围。

专业引领体现为幼儿园业务骨干的专业性与引领性,在园本教研过程中对教师起到引导、点拨、支持与合作的作用,让教师感受到自己的教研活动有方向、有鼓励、有支持,并从中体验到安全感。

同伴互助体现为教师之间平等对话、相互帮助、共同提高的团队合作关系,让教师在园本教研中感受到沟通有无、尽情交流与无私分享所带来的愉悦与快乐。同伴互助从根本上改变了教师之间的关系,由“封闭”转变为“开放”,由“单干”转变为“合作”,由“保守”转变为“分享”,由“狭隘”转变为“宽容”。

自我反思体现为教师与自我进行专业对话,总结经验教训,积累个人实践知识的内部思维活动。专业引领和同伴互助都是教师的亲身体验,但仍然体现为外部活动,必须经过教师的比较、判断、消化、吸收等内部思考过程,才能发挥园本教研的引领、启发和借鉴作用。形成经常反思的良好习惯,教师会更加积极主动地把思考与行动相结合,把理论与实践相结合,教师的个体实践知识就会积累得越来越丰富,专业知识与能力就会提高得越来越迅速。教师可以从中充分体会到研究反思活动给自己带来的成就感,这会进一步激发教师主动参与、积极创新的动力。

(2)选择教研专题,提高问题意识

教研工作范围小,选择一个小专题深入研究、反复探讨,这样日常工作的许多方面就在一定时期内没有进入园本教研的视野,其目的是培养教师对工作的研究态度,促进教师专业发展,让教师观察幼儿、指导幼儿的能力更加专业化。可见,园本教研比较聚焦,围绕一个专题开拓思路、展开工作。教师需要在平凡的日常工作中善于发现问题、研究问题,培养自己的问题意识与研究能力。

意识到问题的存在是思维的起点,但不是所有的问题都能成为园本教研专题。不管是教师提出的个人问题,还是在一定范围内能产生共鸣的集体问题,都需要经过专业的价值判断,才能确定是否是园本教研要引领的真问题。

(3)设计教研计划,加强教研工作的目的性

教研计划是预设教研的实施过程,体现了教研思路的系统性与可行性;同时,教研计划与方案也不是一成不变的,园本教研的行为研究范式使教研工作的计划性、目的性与灵活性、调控性有机地结合起来。现在,园本教研作为幼儿园的常规工作,书写教研计划与方案已经不是问题,但园际之间仍存在差异。规模较大的幼儿园本身就是园级、年级和班级三级管理结构,所以设计教研计划与方案的工作至少要“下移”到年级,由年级教研组长承担。有的幼儿园师资力量强大,教研经验丰富,班级教师则有能力根据园级或者年级计划,设计自己的班级计划与方案。

当前,政府和社会都非常重视幼儿教育,幼儿园数量不断增加,幼儿园规模不断扩大,幼儿教师水平不断提高,教研计划与方案“下移”到班级是一个趋势,也是教师专业发展水平提高的重要表现。

(4)组织教研观摩与研讨,培养教研骨干

园本教研必须基于教研现场,不能让教师空谈。置身教研现场,我们就会发现,教师的教育行为不是绝对地干预幼儿,也不是绝对地不干预幼儿,而且干预的形式与效果多种多样。教师会根据现场的诸多因素来决定自己要不要干预幼儿。诸多干预,不一而同,每个干预行为背后都可以用一套道理加以解释,每个教育行为对幼儿产生的效果都可以做出一套价值判断。可见,组织教研观摩与研讨,是园本教研的主要工作内容。

“一课多研”和“同课异构”是目前观摩研讨集体教育活动的主要形式,是指同样的教育内容可以根据不同的思路去设计与组织实施,结果呈现出不同的活动现象,教师以此做出不同的分析解读与价值判断。期间,执教教师根据大家的意见和自己的想法,对教育活动进行多次调整与改进,观摩教师在研讨中各抒己见,共同提高。在这个过程中,执教教师最辛苦,受益也最大,往往会成长为教研骨干。

(5)总结交流成果,提高教研水平与教育质量

教研总结与优秀成果交流非常重要,是园本教研有始有终的体现,如果缺乏这一步,很多教研过程中的感悟、体验与灵感都会很快消失,教师无法回顾与反思自己的成长足迹,有头无尾的教研工作会大大降低园本教研的成效性。教研总结有观察记录、反思笔记、教研案例、教研论文等多种方式,每种方式各有特色、各有侧重。

观察记录的描述性较强,主要体现教师在观摩教研活动时,对幼儿活动、教师行为和师幼互动过程的观察实录,这是培养教师观察儿童以及教学关系的重要途径。

反思笔记具有随笔的特点,主要体现教师在教研活动过程中的所思所想,对培养教师的专业判断与专业反思能力具有非常重要的意义。

教研案例基本反映教研过程原生态,是执教教师把自己承担的教研观摩活动的整个过程记录下来,这是研发园本教研优秀案例的主要途径,再加上相关照片与视频,就可以对其他教师做园本培训。

教研论文的理论性较强,主要体现教师理论联系实践的能力,教师以总结实践经验为主,同时为避免实操经验过于随意、表面、肤浅,教研论文需要用相关理论来提升自己对实践经验的理性思考与专业判断,从而为以后的实践工作提供启发与借鉴。

4. 基于反思能力的培训

(1)了解教师的反思类型

由于教师的专业基础与性格各不相同,教师的反思类型也多种多样。

①浅尝辄止型反思

有的反思缺乏观察视角,内容选择缺乏专业深度,教师只是把听见和看见的幼儿所说所做的记录下来,并不加以反思或者反思浅尝辄止。

②理论标签型反思

有的反思会在直白描述之后，简单地引用一段《规程》《纲要》《指南》，或者套用一段理论。但是分析理论与实践之间缺乏必然的联系。

③偏爱成功型反思

长期以来，人们习惯于犯错误了才进行反思，但是很多教师认为自己做了那么多工作，没有功劳也有苦劳，怎么能反思错误呢？于是，把反思操作为向领导汇报工作成绩。其实，专业反思是客观的、冷静的，无论是工作中的成绩还是失误，教师都无须过度地紧张和在意，应该以认真思考的态度，从专业的角度去回顾和分析自己的工作，以达到提升自我的目的。

④脱离实践型反思

每个教师都有生动丰富的实践活动，但是在反思的时候，为了体现“有思想”“有理论”，有的教师就抛弃自己的实践，翻书查资料，东找一段话西找一段话，拼凑成一篇反思论文。

⑤错误导向型反思

教师的教育行为有问题，反思时却作为有益的经验总结出来。更为严重的是，业务干部进一步肯定教师的错误行为与错误反思，这种反思的负面作用就可想而知了。

(2)指导教师反思有方

①多种反思方式相结合，培养勤于思考的乐趣

幼儿教师不是看护幼儿的简单体力劳动者，而是遵循幼儿身心发育规律和幼教发展规律的专业化的教育工作者。这就要求幼儿教师不但要勤于动手，还要勤于动脑，培养思考的乐趣与习惯。反思的方式是多种多样的，分为想象反思、口头反思和书面反思。教师平时工作比较忙、比较琐碎，但是思考可以见缝插针，这是所有人都具备的大脑高级功能。平常发生的很多事情都可以像过电影一样在大脑里放映，然后记下几个关键词，为以后提供回忆线索，这就是轻松的想象反思。在同事交流和教研活动中，教师积极主动地表达自己的反思，把大脑中储存的信息用口头方式提取出来，而且在表述过程中，大脑还会对经验进行梳理和思考，这就是方便的口头反思。经过想象反思和口头反思，严谨的书面反思就不再是无源之水、无本之木，一个处处留心的教师是不会觉得书面反思无从下笔的。

②多问几个为什么,对熟悉的事件进行陌生化处理

新颖、奇怪、特别的事件容易引起人的反思,熟悉、普通、平凡的事件不容易引起人的反思,这是因为人们对后者容易想当然,觉得它就是如此所以不需要反思。但是如果问一问为什么这件事就是如此,怎样证明这件事本来如此,就会发现原本很熟悉的事物突然变得陌生起来,自己可能说不出充足的理由。所以,幼儿教师多问几个为什么,对熟悉的事件进行陌生化处理,会激发反思的动力,也为反思提供了一个具体的思维线索。

③利用网络搜索功能,寻找理论反思的关键词

那么教师可以利用网络的搜索功能,把自己想到的几个相关关键词逐一输入到搜索引擎,看看网络提供的信息能否对自己的理论反思有启发。然后再顺藤摸瓜,抓住关键信息,排除不相关信息。值得注意的是,网络信息良莠不齐,教师需要辨别真伪,利用关键词搜索并非为求答案,但求打开思路。

④加强学习和同伴互助,多视角开拓思路

反思也有殚思竭虑的时候,因为人们未必任何时候、对任何事情都才思敏捷,所以反思需要“源头活水”的补充。读书学习和同伴互助是反思必不可少的两汪泉水,提高反思水平需要持续不断的学思结合过程。

⑤加强行动研究,不断提高反思的实践水平

教师要明确自己所反思的教育现象与教育规律对自己的实践有什么指导意义,明确自己的教育策略所适用的实践范围是什么,并在动态的教育生活中加强行动研究,边思考边实践,把现象观察、理论反思和实践指导有机地结合起来,追求既合目的性又合规律性的教育实践。

(3)广开反思的源泉与途径

思想是最自由、最不受限制的,反思可以无处不在,引发反思的源泉和途径有很多。业务管理者一方面要鼓励教师主动思考,另一方面要为教师创造容易激发反思的机会,点燃教师思维的火花,让反思活跃起来。

①从自己的经历中反思

自己的经历是最大的反思源泉,是最宝贵的人生资源。但是这些资源有的处于活跃状态,有的处于沉睡状态,有的处于遗忘状态。沉睡的和遗忘的,就是被闲置与浪费的,唯有经过反思与实践,激活它们的生命力,教师才能将其变成为己所用,乃至终生受用的教育资源。

②从同事的交流中反思

同事的交流是最活跃的反思源泉。教师之间“七嘴八舌”地献计献策,犹如智慧的源泉,有助于教师进一步思考,从而设计出更好的教育方案,激发出更好的教育策略。

③从幼儿的行为中反思

幼儿的行为是教师反思的出发点与归宿。幼儿是一本百读不厌的书,是一本常读常新的书,最能触动教师反思的神经末梢。教师的反思要基于幼儿、为了幼儿,时刻都应围绕着幼儿的发展进行反思。

④从专业的引领中反思

专业引领是最到位的反思源泉。幼儿园的专业引领者最了解教师,指导教师的点位与教师的需求几乎是零距离,同时也最擅长通过换位思考与教师进行专业沟通与指导,所以,业务干部的专业引领应该成为激发教师专业反思的重要源泉。

⑤从理论的学习中反思

理论学习是最深刻的反思源泉。很多教师都有这样的体会:在苦闷彷徨的时候如果遇到一本合适的书,就会给自己带来具有决定意义的转变。一本书对某个人有意义或者无意义,犹如一份可遇而不可求的缘分。一个有需求的教师偶遇一本能满足需求的书,这本书就像一座灯塔,点亮了教师的专业发展之路。因此,边实践边思考边读书,会创造很多“偶遇”,帮助教师在专业发展之路上“华丽转身”。可见,有的幼儿园经常组织教师开展“我读一本书”的园本培训活动是非常有意义的,这是在为教师的专业成长创造“蓄势待发”的机会。

(4)扩大反思的受益范围

①个人受益的反思

个人受益的反思主要体现为教师有所反思,但是仅存于内心,没有表达出来,别人无从得知,也就无从受益。造成这种现象主要有两个原因:

第一,教师性格内向,不善言辞。

第二,幼儿园为教师之间进行专业沟通与交流所创设的机会不充分。

个人受益的反思还有一种情况是,教师比较健谈,幼儿园也经常组织教师交流研讨,但由于教师的反思属于现象水平的反思,别人受益较小。可见,个人受益的反思是个性化的、隐性的、表面的,需要深入专业思维才有可能发挥反思对教师专业发展的促进作用。

②同伴受益的反思

同伴受益的反思需要以同伴互助和专业引领为基础。在教师的交流研讨活动中,个人受益的反思经由专业点拨,引发教师深入思考,受益的范围就扩大了,这是园本教研经常出现的情况。

③普遍受益的反思

普遍受益的反思出现在专题讲座、大型培训或者发表在公开出版发行的报纸、杂志、著作之中,受众群体很大。这种反思具有专业内涵,富有启发性,受到普遍认可。幼儿园要善于在同伴互助的氛围中发现善于深入思考的教师,并帮助她们进一步提炼和梳理,提高教师专业反思的普适性,然后搭建园本培训平台,让更多的教师有机会分享与受益。

5. 基于保育员的培训

保育员也被称为生活老师,是幼儿园的必备岗位之一,在保教结合工作中担任着卫生、保健、保育、教育等多种重要角色,保育员队伍是幼儿园非常重要的一支队伍,但是目前大多数幼儿园的保育员都比较年轻,而且流动性很强,因此,幼儿园需要频繁地招聘保育员,需要频繁地培训保育员的工作能力与教育意识。

(1)培养保育员的归属感

保育员的工作内容非常细致,涉及卫生、消毒、清洁、整理、保管、照顾幼儿、配合教师等多方面的职责。为了促进保育员在工作中尽职尽责,幼儿园一方面需要建立完善的规章管理制度,另一方面还要根据保育员队伍的特点,营造有助于激发内在动力的工作氛围。

经验证明,幼儿园经常组织一些有益身心的文体活动,如三八妇女节组织大家爬山,教师节一起唱歌,新年组织大家自己动手在幼儿园聚餐,春季开展教职工运动会,秋季组织秋游活动等,让保育员与老师一起充分地娱乐和交流,感受到蓬勃向上的精神氛围和温暖、快乐、和谐的集体生活,而人一旦有了愉快的心情,一个良好的工作氛围,自然就愿意发挥工作的积极性,如此一来幼儿园保育和教育工作质量都会不断地提高。

(2)激发保育员的职业成就感

归属感除了体现在从陌生到熟悉这种外在适应以外,还体现在经过一段时间的工作所获得的价值感和成就感。这种内在的归属感一旦形成之后，就会使人产生强烈的责任感和自我驱动力。目前存在的问题是，受社会偏见的不良影响，有的保育员也认为自己只是“卫生员”“服务员”“清洁工”而已，做的都是简单体力劳动，工作很忙很累，却缺乏职业成就感。为了从根本上调动人的工作积极性，幼儿园需要尊重每个人都有自我实现的心理需求，激发保育员的职业成就感。

(3)传授保育工作的程序性知识

由于幼儿一日生活在每个时间段的安排不同，保育员的工作内容随之也会不同，而且保育工作非常细致、零碎，所以幼儿园要为保育员制订一日工作流程，使之像备忘录一样提醒保育员在每个时间段应该及时完成的工作。很多幼儿园都会采取表格的形式，以简明扼要的语言表述保育工作在每个时间段的核心内容。与此同时，还有一系列规范的保育工作内容及其基本要求。以上这些全部都要到位，才能确保工作规范。“规范的保育工作方法”属于程序性知识。幼儿园不可能把工作行为分解为一个一个的动作来告诉保育员，或者写在保育工作手册上，事实上，保育员又必须掌握这些程序性知识，才能确保自己的工作操作到位。所以，规范的保育工作方法是园本培训的重点。

(4)指导保育员解读幼儿的心理需求

保育员对幼儿的身体照顾和生活关照比较多，为幼儿的安全、健康以及基本生理需求做了大量有益的工作，但是由于园本培训的缺失，很多保育员“只会埋头搞卫生，不会抬头看孩子”，规规矩矩按照流程完成工作任务，却不会观察与思考幼儿的需求。其实，现代保育观与现代教育观的发展是同步的，因此，幼儿园还要引领保育员更新传统保育观，学习从幼儿心理发展的角度观察幼儿，把保育工作建立在正确解读幼儿心理需求的基础上，提高保育工作的专业价值。

(5)提高保育员的园本教研能力

在很多幼儿园，园本教研是教师的专利，保育员很少参与园本教研活动。这是人们在思想意识上“重教轻保”的重要体现。这种想法至少存在三个误区，其一就是忽视了保育工作的专业性；其二就是忽视了教师专业发展的规律；其三就是忽视了园本教研的目的。园本教研的目的就是促进教师专业发展，提升幼儿园教育质量。园本教研的起点具有因人而异的特点，就像当初教师的起点在哪里，园本教研的起点就从哪里开始一样，现在保育员的起点在哪里，园本教研的起点就从哪里开始，可见,没有做不了的园本教研。幼儿园已经积累了教师的园本教研经验,保育员的园本教研将会开展得更加顺利、更有实效。

二、园本培训的形式

园本培训的形式有很多,概括来说主要有以下几种(图 5-2):

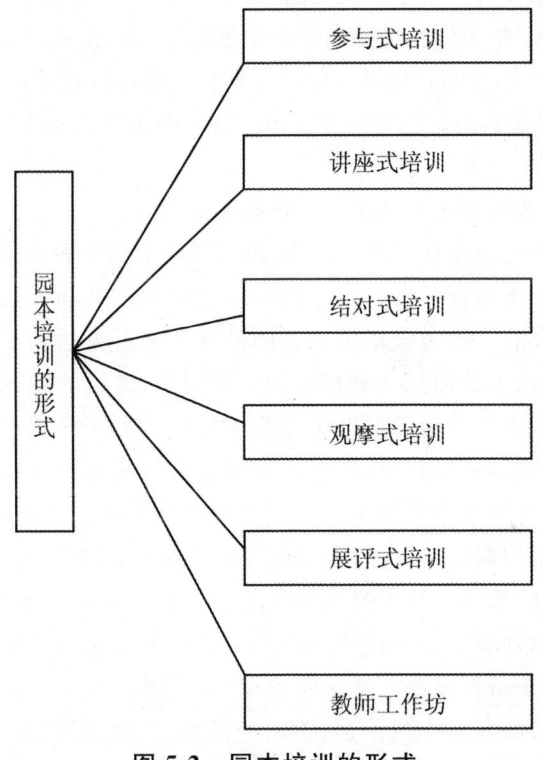

图 5-2　园本培训的形式

(一)参与式培训

1. 参与式培训的概念

参与式培训是指培训者为教师创设体验、操作、探索、交流、合作等参与式活动的机会与情境,调动教师的已有经验,激发教师感悟、思考、理解,最终促进教师主动调整自我认识、更新教育观念、改善教育行为。

2. 幼儿园参与式培训的必要性

(1)参与式培训理念与当今幼教改革理念不谋而合

参与式培训重视培训方式对教师的示范作用,认为培训者用什么方式培训教师,教师就用什么方式教育儿童。因为在职教师都是有专业经验和实践知识的,所以培训活动需要调动教师的已有经验与知识,促进教师在参与培训过程中进行主动建构,培训学习中的理论与知识不是培训者"灌输"和"给予"的,而是教师自我建构的。可见,传统培训使用的是接受式学习方式,参与式培训提倡的是发现式学习方式。这样,培训者与参与者之间是平等的、互动的、合作的。以上理念与当今幼教改革倡导的理念完全一致。

(2)参与式培训充分利用同伴资源锻炼教师

传统培训的资源在主讲人那里,参与式培训的资源在同伴之间。因为参与培训的教师都具有一定结构的专业知识体系和一系列经过实践检验的有效经验。参与式培训为教师搭建了自由表达和互通有无的交流平台,而且由于教师都具有相同的工作背景,遇到的问题具有很大的共性,所以,一个人的困惑可以获得很多人的回应,一个人的建议可以开启很多人的智慧,资源共享、经验重构成为参与式培训的优势之一。与此同时,参与式培训的小组学习氛围使得教师不再做旁观者和沉默者,每个人在小组中都承担着一定的角色,发挥着一定的作用。一些性格外向、善于表达的教师自然很快就在小组学习中发挥优势,有些性格腼腆、不善表达的教师经过参与式培训的熏陶与影响,也会发生积极的改变。

(3)参与式培训促进教师深度卷入学习过程

参与式培训参与人数不能太多,一般在 30 人左右,而且要分成小组,小组成员根据实际需要分别担任召集人、记录员、计时员、噪声控制员和汇报员等角色,小组成员相互尊重、平等参与、互动交流、合作学习。参与者的头脑不再被当作知识的容器,而是可以点燃的火把。

(4)参与式培训适合培训家长更新教育观念

教育孩子需要理性,而爱孩子的情感易使家长把理性抛诸脑后,所以家长谈论教育观念的时候是一套,对待自己孩子的时候往往却是另一套。针对这种情况,家长需要的是"震撼",而不是"讲道理"。因为家长都明白道理,他们需要的是经过深切的体验与感悟促使自己"下决心"改变自己。

(5)参与式培训锻炼业务骨干的培训能力

园本培训的骨干力量是幼儿园的业务管理者和骨干教师,她们承担着本园专业引领的重任。参与式培训要求培训者与教师建立平等与平行的关系,培训者在参与式培训过程中首先是一个倾听者,以虚怀若谷的胸怀倾听教师的真实心声,以换位思考的方式理解教师的所思所想与所作所为;然后在教师需要提供支持的时候,以专业水准把教师想说又说不出来的疑惑一语道破,让教师感受到在专业成长过程中豁然开朗的放松感和愉悦感。这就需要培训者具有一定的人格魅力与专业水准,参与式培训要求培训者"隐退"身形,指导"无痕",就像要求教师教育儿童一样具有"润物细无声"的教育效果。

(二)讲座式培训

1. 讲座式培训的概念

讲座式培训是指主讲人围绕专题向听讲人集中传授或者宣讲相关知识与信息的一种教育培训形式。

2. 幼儿园讲座式培训的必要性

(1)讲座式培训有助于幼儿园统一认识

讲座式培训对于幼儿园创建学习共同体与和谐团结的队伍具有不可替代的作用。尤其是规模较大的幼儿园更需要定期组织讲座式培训,总结幼儿园的成绩与问题,提出园所发展新目标与策略,提高全体教师的认识与工作积极性,增强全体教师的集体荣誉感,鼓舞全体教师齐心协力提升幼教质量。

(2)讲座式培训适合应对临时性、突发性工作

幼儿园经常会应对临时性任务,面临突发性工作,因此,幼儿园需要紧急召集全体教师参会,在通报新情况的同时,提高大家对工作重要性的认识,并做好相关工作安排。这时,讲座式培训的必要性就凸显出来,提高了幼儿园危机管理的意识与水平。

(3)讲座式培训适合培训幼教新形势与新发展

当今幼儿教育受到国家的高度重视与全社会的关注,我国在不断地完善幼教事业发展的法律法规以及各项管理制度;当新政策和新知识的

出现都需要及时地传达到幼儿园，幼儿园进而及时培训教师。这样，教师的专业学习才能跟得上时代发展的步伐，幼儿园办园质量才能符合国家与社会的要求。

(4)讲座式培训有助于幼儿园解决共性问题

幼儿园经常会遇到一些需要引起全体教师共同关注与共同努力的共性问题，这类问题使得讲座式培训非常有必要。为此，幼儿园业务管理者需要对其进行调查与分析，引领大家一起寻找解决问题的办法。否则，每个班级的每个教师各自为阵，想当然地认识和处理一些问题，最后可能影响到幼儿园的整体形象。

(5)讲座式培训锻炼业务骨干的培训能力

讲座式培训信息量大、专业性强、时间较长，对业务骨干的专业知识体系、系统演讲水平以及公开讲座的心理素质，都是一种考验与锻炼。据了解，很多幼儿园的业务骨干口才较好、善于表达，但主要体现在座谈会上，如果作为主讲人承担讲座式培训，则显得信心不足、力量不足。他们最初都采取念稿的方式主持培训，这样不但文字准备工作量很大，而且念稿与听者缺乏眼神与表情交流，会让讲座变得沉闷、枯燥、单调。可见，讲座式培训对业务骨干的培训能力要求很高，必要的时候组织讲座式培训既是工作需要，也是对业务骨干能力的培养与锻炼。

(三)结对式培训

1. 结对式培训的概念

结对式培训是指幼儿园老教师或骨干教师与新教师或年轻教师采取一对一结对的方式，在实际工作中进行传、帮、带，促进双方教学相长，加快教师专业发展的一种形式。

2. 幼儿园结对式培训的必要性

(1)结对式培训是幼儿园新教师专业发展的必由之路

幼儿园经常会遇到师资力量欠缺、新教师无法很快胜任工作的困难，虽然幼儿园都有具体的岗位职责、教师一日工作流程以及工作指导手册之类的规章制度和工作指南，但是对于一个初来乍到的新教师而言，以上翔实的资料依然会有未尽翔实之处，结对式培训是幼儿园师资队伍新老交替、继往开来的必由之路。

(2)结对式培训是锻炼骨干教师成长的有效途径

幼儿园从优化师资队伍、培养骨干教师的角度而言,一方面需要"选择"好师傅,另一方面还需要"培养"好师傅。培养老教师、骨干教师具备"师傅品质",不仅有利于幼儿园培养新人,还有利于骨干教师的人格成长与专业发展。

(四)观摩式培训

1. 观摩式培训的概念

观摩式培训是指教师之间通过相互观察、相互切磋,取人之长、补己之短,有则改之、无则加勉,最后达到执教者与观摩者共同学习、共同成长的效果。

2. 幼儿园观摩式培训的必要性

(1)观摩式培训锻炼了观摩教师的观察、研讨与反思能力

观察、研讨与反思是幼儿教师应该具备的基本专业能力,观摩活动提供了"以他人为镜"的观察、研讨与反思机会,帮助教师摆脱狭隘的主观意识,克服自己先入为主的局限性,更加客观地认识一些教育现象,也更加清晰地理解一些教育观念,为自己提升教育实践能力奠定基础。

(2)观摩式培训锻炼了执教教师的心理素质与教育能力

很多教师都有这样的体会,当自己带班组织活动的时候很放松、很从容,一旦有人前来参观就紧张起来。每个人都有青涩的时候,然而每位教师都必须学会面对公开活动,公开面对家长,公开面对同行,这对教师的心理素质是一个要求。这一问题的解决方式没有捷径,只有通过多次亲身实践才能培养出淡定自如的心态。观摩式培训对执教教师具有提高专业发展速度的积极作用。

(3)观摩式培训有助于幼儿园形成务本求实的学习风气

幼儿园要想把园外观摩和上级观摩做得精彩,首先要在园内观摩活动上多下功夫,把观摩活动的主要功能定位在培训上,让观摩式培训呈现出以交流学习为主,注重思考、研讨、切磋,不以成败论英雄的局面,这样观摩活动中出现的问题就是全体教师都积极思考的"教育现象",这样才能营造出务本求实的研讨风气。

(五)展评式培训

1. 展评式培训的概念

展评式培训是指幼儿园通过教师公开展示自己的思想认识、教育活动、才华能力、文字资料等,促进教师在相互了解的过程中加强自我评估、自我勉励,激发教师自我提高的积极性与自觉性的培训活动。

2. 幼儿园展评式培训的必要性

(1)帮助教师增进相互了解与相互学习

幼儿园有很多班级,班级教师的工作具有相对的独立性,也具有一定的封闭性,大家都在各自的岗位上兢兢业业,很少有机会系统地交流关于班级工作以及幼教问题的想法和做法,因此,幼儿园需要为教师搭建相互交流和相互学习的平台。除了很多幼儿园通常举办的座谈会或者观摩活动以外,展评也是一种非常有效的形式。展评的目的是幼儿园创造机会让教师展示自己,增进教师之间的相互了解。这样,教师参加活动的目的是展示最好的自己,增强自信心与成就感,教师在积极准备的过程中会着力加强学习、提高自己,达到促进自身专业发展的目的。

(2)帮助教师提高自我认识,客观评价自我

展评式培训可以为教师提高自我认识提供同伴参照,也就是说展评活动让所有教师思考:同在一个幼儿园工作,别人能做到,别人能做得更好,为什么自己做不到,或者做得不如别人好呢?可见,展评式培训既能促进教师客观地认识自我、评价自我,又能提高业务管理者的管理效率。

(六)教师工作坊

1. 教师工作坊的概念

教师工作坊是以在某个领域具有丰富经验或者专业引领能力的教师为坊主(即主持人),组建一个20人以内的小团体,坊主以专题学习、集体研讨、操作体验、实践演练、合作分享等多种方式带领团体成员丰富心灵感受、提升精神感悟、提高专业能力,有的地方也称之为教师工作室。

2. 幼儿园教师工作坊的必要性

(1)教师工作坊有利于幼儿园师资队伍多元化、梯队发展

教师工作坊对师资队伍多元化、梯队发展具有积极的促进作用。因为教师工作坊以幼儿园现有人才为基础,教师在某个方面有专长就可以组建某个方面的工作坊,而且工作坊规模不宜太大,三五人就可以组建一个工作坊。在工作内容方面,既可以直接是幼儿园工作内容,又可以是某一项才艺等。三五个人只要有共同的兴趣爱好,就可以组建一个工作坊。如果其中一人水平较高,就担当坊主,如果大家水平相当,就轮流做坊主。为此,坊主要加强专业学习和组织管理能力,才能把工作坊活动开展得有声有色,才能吸引新会员扩大规模。可见,教师工作坊能有效地激发教师的潜能,促进教师人才多样化发展。

(2)教师工作坊有利于幼儿园建立民主和谐的学习共同体

因为教师工作坊是能者主持,会员自愿申请,突破了幼儿园凡事都由领导主持、教师必须参加的局面。活动内容既可以直接与工作相关,又可以与工作没有直接关系,教师可以自愿选择活动内容,满足了幼儿园教师爱好广泛、性格活泼的自然秉性。与此同时,教师工作坊既可以由特级教师、名师、专家、骨干教师做主持人,也可以由具有一定特长的普通教师做主持人,教师工作坊这种“平民化”的特征可以广泛调动教师的积极性。

第三节　园本培训的实施与管理

一、园本培训实施的原则

园本培训内容的实施需要遵循以下几个基本原则,才能有助于教师在园本培训中受益,进而获得专业发展。

(一)就事论事的原则

园本培训中会不可避免地遇到是否尊重教师的问题。因为事实被

“点出”之后，教师难免“对号入座”，感觉自己很没面子，有些教师的积极性和自信心因此受挫。其实，这主要由于培训者没有妥善把握“就事论事”的原则。“就事论事”要求培训者基于事实又超越事实，引导教师专注于事实背后的专业因素，不要让教师感觉到自己被批评和否定。所以，培训者既要尊重事实，更要尊重人，剔除自己思想意识中可能存在的含沙射影的不良表达习惯，树立园本培训是为教师专业发展服务的意识，有意识地培养和提升自己专业沟通的导向与艺术性，千万不要停留于事实表面而给教师贴标签、扣帽子。

（二）专业自主的原则

《幼儿园教师专业标准（试行）》明确了幼儿园教育的专业地位，但是在大众意识层面，幼儿园教育的专业性和幼儿教师的专业化身份并没有充分得到确立，把幼儿园教师这个职业等同于“保姆”“阿姨”的现象依然广泛存在。这一方面需要社会大众逐渐消除陈旧意识，另一方面需要幼儿园加强自身的专业化发展，而园本培训作为幼儿园具有明确导向的专业培养活动，就应不断地提高培训内容的专业自主性。如果业务管理者的专业自主性有限，行政指令性较强，业务管理总是停留在根据“上级规定”或“工作制度”进行监督与检查的层面，那么，教师就成为“领导”“规定”与“制度”等外在因素的被动执行者，业务管理者与教师之间具有浓厚的领导与被领导、监督与被监督的关系。其实，专业自主不等于行政做主，业务管理者应该加强专业理性，提高专业沟通与指导能力，帮助教师提高专业自律意识，使教师的工作动机建立在自身内在的专业良知与专业水平基础之上。

二、园本培训实施的注意事项

（一）所有行动围绕目标进行

1. 园长

作为第一责任人的园长，主要制订发展本园目标，选定培训内容，聘请专家，解决处理重大问题。而负责园本培训的各科室，既要各司其职，又要通力协作。

园长的学习态度、责任心决定了一所幼儿园的风气。如果园长是一个热心学习的人,则会鼓励他人学习和参与新的计划和活动。园长是园本教研的参与者,园长关注检查教师的学习情况,关注教师的成长进步,在教师的发展中提供反馈与建议,让每个教师都能够参与到幼儿园的决策制定,园长对待教师的新观念很开明,园长考虑到留有时间和空间让教师之间合作,园长和所有的教师分享最新的教研成果,园长关注到教师和幼儿的新变化,这些细节都决定着教研活动的成效。园长对幼儿园的园本培训负总责。

第一,成立、管理园本培训的领导小组。

第二,根据本园的实际及发展战略,提出园本培训的思想和工作策略,主持制订幼儿园发展目标和教师队伍的发展目标,组织制订培训计划和实施方案。

第三,负责建立规范的园本培训管理制度,并组织开展园本培训的检查和评估等。

第四,研究开发园本培训的资源,研究和解决园本教研存在的问题,对存在困难的教师提供有效的支持和帮助。

2. 业务园长或教导处

教导处主要做好培训需求方面的调查。确认培训内容,制订培训计划,并督促检查教师制定个人发展计划,评价培训效果。

业务园长的责任包括以下几方面:

第一,全面组织幼儿园的园本培训工作。

第二,负责协调或沟通与有关上级管理机构及业务的关系。

第三,指导幼儿园专职指导小组开展工作。

3. 教研组

教研组根据幼儿园大小班的特点提供培训需求和培训计划、日程,参与组织培训项目的实施,检测、跟踪受训者的培训效果。

4. 后勤部

后勤部安排培训地点,提供培训设备,协调各部门之间的培训工作、记录考勤,管理好教师的业务档案。

(二)保证培训工作扎实有效

1. 精选教育内容

培训内容的设计要符合教师的需要,教研方式应多样以调动教师的兴趣。

2. 关注行为跟进

教师在参与完活动后教育行为是否有了改进,指导教师是否做到位。

3. 行动反思

在培训进行的过程中,反思自己培训目标的设计是否合理,行动方案是否有效地解决问题,如果没有达到目的,还需要哪些方面的努力。

(三)及时小结

小结既是对培训效果的自检和总结,也是对下一个阶段培训做准备。小组报告一般由以下几个部分组成:

第一,培训项目的背景介绍。

第二,培训项目的总体设计。

第三,培训项目的实施说明。

第四,培训项目实施培训评估的综合分析。

第五,培训项目实施的经验体会、问题及建议。

第六,必要的附件说明。

每次活动完成都要及时进行总结,但是这个小结存在一个阶段的意义,即对背景、方案的设计、组织管理、教与学、取得的效果、后勤的保障进行全面全程的回顾与反思,从中发现内容的安排、方法的设计的经验和不足。

小结的正确表达是建立在对收集、整理和分析信息正确的基础上。对培训计划的评价信息收集来源于培训的组织者,也可以是访谈的形式;对培训效益的评价信息来源于受训者的反馈,这种反馈可以是座谈、考试考核、个别访谈、课堂观察、查阅各种记录的形式进行以及录音录像的形式。

小结是一个培训收尾工作。园内的培训组织一定对小结报告的基本内容进行集体讨论，达成共识。这样的总结才能对下个阶段的工作有辐射作用。

三、园本培训的管理

（一）健全组织

为了使园本培训顺利进行，幼儿园必须要建立良好的园本培训运行机制，成立以园长为第一责任人，副园长、教研组长、教师代表等组成的园本培训管理、指导小组，充分合理地调配幼儿园现有的人力、物力、财力等资源，全面负责培训决策、组织实施和考核评估等项工作。同时，还应把园本培训列入每学期的工作计划中，确保教师培训工作落到实处，抓出成效，抓出特色。在园本培训计划中，应注意工作中的“三个侧重点”：

第一，坚持以园本为平台，以教师为主体，以岗位练兵活动为载体，大力实施“强师兴园”工程。

第二，以“一德三新”（即师德、新课程、新理念、新策略）为研修内容。

第三，按照“专业引领—同伴互助—自我反思”的研修模式，让教师在真实的教育教学情境中发现问题、研究问题、解决问题。

（二）建立档案

为了使园本培训沿着正常有序、有效的轨道运行，幼儿园可制订一系列相关的档案制度。园本培训档案建设包括园本培训综合档案和教师个人成长档案袋两个部分。

1. 园本培训综合档案

（1）国家、省、市、区教师继续教育文件。

（2）幼儿园园本培训的五年规划，幼儿园和室组年度计划。

（3）幼儿园园本培训的文件、师资库、外聘专家等资料。

（4）幼儿园园本培训的各项管理制度。

(5)园本培训实施情况记载,包括集中培训、学术交流、课改论坛、课题研究听课评课、教师问卷、外出培训、考核评价等。

(6)园本培训资源,包括文本、音像、网络等。

(7)园本培训的科研成果,包括承担各级课题资料、教师获奖资料等。

(8)园本培训评估材料,包括过程评估材料、年度评估材料、经验材料和总结等。

2. 园本培训教师个人档案

教师个人档案的内容根据教师工作实际分为六个方面:

(1)思想道德表现情况,包括遵守幼儿园规章制度情况、参加幼儿园各种活动的表现情况、出勤情况等。

(2)专业水平情况,包括学历学位、教师资格、专业技术职务等。

(3)教学管理情况,包括备课、听课、教学计划、经验总结、幼儿以及班级的照片、幼儿作品以及幼儿活动评价,以及班级日志、周课表、业务活动表,园内和园际公开教学活动材料等。

(4)教学思考系列(书面材料),如我的发展目标,我的教学目标,幼儿的家庭背景、社区环境分析,关于自我教学经历,对于课本、教材的理解、个别幼儿的个案研究、对教学反思等。

(5)进修、培训情况,包括学历提高培训、园长培训、县级以上教师培训、专业对口培训、继续教育情况等。

(6)获奖情况,包括受区级以上(含镇级)表彰奖励、获得各种荣誉称号等。

(三)评价考核

园本培训评价是促进园本教研和园本培训的重要组成部分。以前的评价更多与评优、奖励、晋级有关系,更多的是关注结果,过分注重他评,使教师对评价反感、畏惧,因此,幼儿园管理者在教师发展、园本教研中重新思考评价在教师发展中的作用,建立完善、公正的教师发展体系显得更加重要,通过良好的评价机制引导教师不断地激发自我学习的动力,不断地反思自己的行为,不断地优化自己的教学策略,促进教师自身的专业发展。

1. 评价主体的多元性

(1)自我评价

园本培训活动中,自我评价是教师根据园本培训计划和自身的实际需要,每学期或每学年具体确定一两项素质或能力提高项目,年终让其发现参加园本培训前后的不同之处,进行自我反思评价,进而明确努力的方向。

(2)同行评价

在同行评价中,评价者与被评价者之间的关系,应该从相互对立的状态,变为协同合作的一体。评价在本质上应成为一种通过"协商"而形成的"心理建构"。协商打破了传统评价信息自上而下的流动方向,在协商过程中,评价者与被评价者有着平等的表达机会,他们同样都要尊重对方、欣赏对方。当评价成为一种协商,评价者和被评价者的身份就会变得模糊,在你来我往的讨论过程中,评价成为一个融合的整体。这样,评价本身不仅仅在于给出一个评价的结果,评价变成一个具有教育意味的过程,这也有助于个体眼界的开阔与自身素质的提高。

(3)幼儿园综合评价

幼儿园管理者要规范园本培训的档案资料,强化动态管理。幼儿园在评价中,可采取查阅教师的学习笔记、分析教师撰写的教学体会和教育科研论文、观摩教师的课堂表现、进行问卷调查,甚至可以采用考试等形式来进行综合评价。培训记录袋的基本成分是教师自己的作品,它用以展现成就与进步,描述培训的过程与方法,反映参加研究的态度与情感。培训记录袋不是简单文件夹,其中的材料应依据特定的目的来收集,有些东西是统一要求的,以便于在不同教师之间进行比较。

2. 评价体系的立体性

园本培训评价应分多级、多项指标逐条考核,实施综合评价。在评价时,既要考虑量性评价,又要关注质性评价。既要关注园本培训的规划、实施的过程评价,也要对结果进行层次性评价,最终构建多元的、立体的教师园本培训评价体系。

3. 评价方式的多样性

园本培训的评价方式多种多样，幼儿园管理者可以根据培训活动的需要选择不同的形式来进行评价。

4. 评价结果的激励性

对教师参与研究的态度表现、研修成绩以及活动质量水平方面的评价结果，可作为教师评进、晋级，名师、学科带头人、骨干教师认定的必备条件。对园本培训有实绩，并在教育教学或教育管理等方面有成效的教师，在评优评先、晋升提干、外出学习进修等方面实行倾斜，这样就能够调动教师参与培训的积极性和主动性。

第六章　反躬自问：教学反思与幼儿教师专业发展

教学反思能让教师突破习以为常的教学惯性，不断审视、改进和优化自己的教学行为，使教学充满智慧与创新，逐步形成自己独特的教学风格和高超的教学艺术。本章即对教学反思的相关内容进行研究。

第一节　教学反思概述

一、教学反思的内涵

在我国，关于反思的观念由来已久，《论语》中多次涉及自省的问题，曾参提出“反省内求”来提高自我修养，孟子主张“慎独”，曾子曰：“吾日三省吾身，为人谋而不忠乎？与朋友交而不信乎？传不习乎？”而在日常生活中，反思作为一个常用概念，人们经常将反思与反省、内省、自省等词等同起来。在这种情况下，“反思”就是指思考过去的事情，从中总结经验教训。

教学反思是指当实践活动中出现问题或困惑，教师对其进行反复深入有意义地思考，明确问题所在，进而结合自身的经验和理论探索，力图探求能够完善和调整教育实践的过程。

（一）教学反思是针对实际情境中的问题开展的活动

当教师工作中出现困惑和问题，不能顺利地开展工作，教师就需要进行反思。教师的反思是聚焦于教育教学的实际问题，针对所有相关的教育观念和行为开展的。这既包括教师的教学行为，也包括其日常教育行为；既包括教师自己的言行，又要去探索分析学生的言语行为背后的含义。

（二）教学反思是一个反复思考的过程

日常生活中，我们经常进行着大量的、杂乱无章的、不受意识控制的思考，而且现在教师面对繁忙的工作已经很少对常规化的日常教育活动进行反思，大多数教师总是日复一日、年复一年地重复着相同的工作，将一年的经验重复使用二十年，这是一种例行公事的反思，这种反思并不能留给人们有价值的东西。与这种例行公事的思考不同，教学反思应该是慎思、熟思的过程，教学反思应该是有意义的思考过程，应该是教师努力去探寻这些教育事件之间的关联，以及其背后所隐藏的教育意义，并力图寻找以后怎样才能更好地开展教育实践的方法，这就是教师对其进行持续的和有意义的思考。

（三）教学反思的落脚点是从经验的分析引向行动的改变

教学反思虽然起始于过去的教育教学实践，但是着眼于后续的教育行为的改善，是通过分析已有经验而发展经验，从经验中总结学习的过程。总之，良好的教学反思需要教师时刻对自己的教育理念持有一种健康良性的质疑，对自己的教育行为进行批判分析，对所关注的问题进行深入连续的思考，不断地探索更好的教育观念和方法。

二、教学反思的现状

教学反思应该是教师对自己的教育教学经历予以整理、归纳、概括、评价和再认识的过程，以便更好地调节和控制自己的教育行为。但是在幼儿园里，很多教师并没有真正发挥教学反思在教师专业发展中的重要作用，分析其原因主要包括以下两方面：

（一）幼儿教师缺乏反思意识

意识决定行为，很多幼儿教师缺乏反思意识，只是单纯地进行“我反思了”,并没有认真地考虑“我反思了什么”。为了完成反思这项不得不完成的任务,或是随便写几句,或是从网上抄,或是报喜不报忧,这种反思只是为了应付领导检查工作,但在教师心里并没有真正重视反思的作用,这样的反思其实毫无意义。

(二)幼儿园缺少相应的环境支持

(1)幼儿园工作琐碎繁杂,教师每天处于忙碌的工作状态,一天之中可以让他们来进行反思的时间非常少,很多幼儿园领导又疏于管理,对于教学反思求量不求质,并没有真正起到监督作用。

(2)有些幼儿园将反思和教师的利益挂钩,“好的反思”关系到奖金,“领导要是一看你的不好的,你这奖金就没了”,所以为了获得领导的认同和奖金,教师公开表现出来的都是“好的”。

三、教师反思现状的应对策略

(一)教师提高反思意识

要提高幼儿教师的反思意识,首先应该提高教师的问题意识,教师要善于发现问题、分析问题,主要针对自己教育教学过程中一些难于解决的、有疑惑的、感到有收获的问题或事件,勤于总结。每天勤于记录身边有感而发的事情、棘手问题的困惑、突然的感想感悟,这是自我成长的有益方式。教师如果把这些日常生活中的小事或教育实践记录下来,就可以提高自己对教育问题的敏感性,增强自我意识,从而促进反思意识与能力的发展。

(二)幼儿园提供相应的环境支持

1. 留给幼儿教师教学反思的时间

只有人处于放松状态时,思维才具有活力和创造力,我们才能针对自己的事件加以思考。想要保证教学反思的质量,就应该为幼儿教师松绑,给予幼儿教师教学反思的时间。

2. 幼儿园完善监督和管理规范

幼儿园要加强对教学反思笔记的管理，应该重视反思的质量，切实保证每一个反思对教师的专业成长都有实际的作用，甚至可以在减少一定数量的情况下保证反思的质量。另外，不能简单地将反思与教师利益挂钩，可以在认真核查反思质量的基础上予以一定的奖励。幼儿园可以建立管理小组，将权力从上到下逐级下放，这样既可以增加各级教学反思的动力，又可以将反思落实到实处。

第二节　教学反思的内容与意义

一、教学反思的内容

教学反思的内容主要涉及五个方面(图 6-1)：

(一)关于教育者的反思

这里所说的教育者主要是指幼儿园教师等直接的教育工作人员。教师是教育活动基本的构成要素，教师的所思所想、所作所为直接影响着教育活动的效果。概括来说，关于教育者的反思也可以从以下几方面进行：

第一，教师要对自己每一次教育行为进行反思，分析其中的成败之处，及时从中总结出属于自己的教育理念。

第二，教师要对教育实践中的一些价值性问题进行反思，比如在“活动中我的角色是什么?”“作为幼儿教师，我的职责是什么?”等。

第三，教师要能够突破其教育现象和行为，看到现象背后的本质和行为背后的原因，反思自己日常教育行为背后隐藏着什么样的教育观念，而自己的这些观念是否随着时代的变化和教育的发展不断更新。

第四，教师还要善于从他人、他事、他言上总结反思，可以从一个人、一件事、一本书中发现问题，用其他教师的成功之处来补己之短，用他人的失败不足来警示自己。

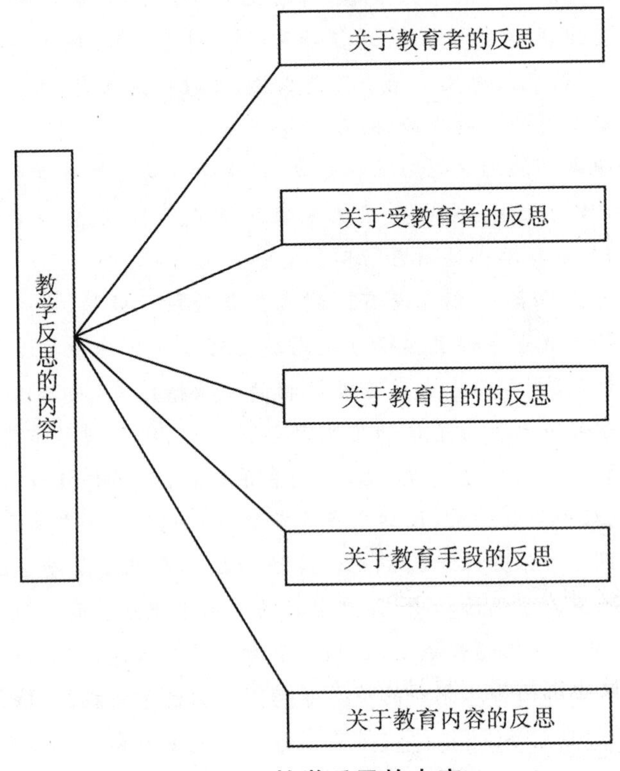

图 6-1　教学反思的内容

第五,随着教育改革的不断发展,幼儿教师应该反思自己的专业知识储备是否丰富,是否足以面对不断变化和发展的教育变革,自己是否在不断学习以补充相关的理论知识。

第六,幼儿园教师还要反思自己是否具备了教师专业能力,包括教育活动的计划与实施、游戏活动的支持与引导、一日生活的组织与保育等,以及在具体的活动中如何运用这些能力。

【案例分享】

音乐门铃

下午集体教学内容是音乐活动《音乐门铃》,打开课件出现一扇门,上面有一个按钮,我一按门铃就出现重复两遍的一个节奏型,幼儿按要求用拍手和踩脚的形式学习节奏，当幼儿学会后教师再点击门铃，门打开里面就会出现一个礼物，看到礼物孩子特别开心，按照课件顺序一一展开，幼儿兴致盎然地又是拍手又是踩脚，学习兴致很高，八个节拍顺利学完。在结束时的总结阶段，我问："今天我们学习了八个好听的节拍，谁还能拍出来？"幼儿竟茫然地看着我，我请一个幼儿起来要求拍出其中一个节拍，只见他站起来也是茫然地胡乱拍了几下，我又请了几个幼儿依然如此，只能草草小结结束活动。

活动虽然结束了，但是没有达到我想要的教学效果，我一直在反思这个活动的失败点在哪里？经过反思我发现幼儿可能把更多的关注点放在拍手和踩脚、开门后出现可爱礼物的愉快情绪里，而忽略了此活动的重点是学习节奏。为了让幼儿主动学习节奏，巩固所学节奏，我利用幼儿都喜欢老师的拥抱心理，设计了《音乐门铃》的延伸活动：在自由活动时间，我双手抱在胸前，让站在我面前的幼儿创编一个节奏拍出来，我便"打开门"——张开双手拥抱她。旁边的幼儿看见了主动地过来加入拍节奏得拥抱的幸福活动中，并要求拍的节奏不能和前面一位幼儿的节奏相同，排队的幼儿越来越多，创编出节奏的幼儿就能得到老师的拥抱，又赶快到队伍后面排队想新的节奏等待下一次的幸福拥抱，轮到不会拍的、胡乱拍的我就不开门，他们很着急并努力创编节奏，站旁边和后边的幼儿也能积极主动教节奏，只要学会正确节奏都能得到老师拥抱。后来只要到自由活动时间幼儿都要求我来玩这个游戏。再后来我又把游戏升级：只要拍对节奏得到拥抱后就可以上升到老师的位置，原来老师位置的小朋友到队伍的最后面重复游戏，这样幼儿的节奏感也在游戏中得到较大提升。

《幼儿园教育指导纲要》要求：尊重幼儿、相信幼儿，促进幼儿主动性学习，让每个幼儿在原有水平上都能得到富有个性的发展。此延伸活动正是在尊重和相信幼儿的基础上，利用幼儿平时就喜欢老师拥抱的心理设计游戏，激发幼儿的创编愿望，形成幼儿自主学习、相互教与学的积极环境，让每个幼儿的节奏感能在原有水平上得到发展。主动学习是促进幼儿学习的最好方式之一，教师要多创造机会，让幼儿在不知不觉间得到学习和发展，做到教育无痕、大爱无疆。

(二)关于受教育者的反思

幼儿园的受教育者就是指幼儿。幼儿园教育的最终目标就是促进幼儿的发展,教师的教育活动应该看它是否对幼儿有促进作用。概括来说,关于受教育者的反思应包括以下几方面内容:

1. 对幼儿兴趣需要的反思

“从幼儿的兴趣出发”是教师设计教学活动的基本原则,而我们评价教育教学活动实施情况的一个重要指标是“幼儿是否有兴趣”,所以我们应该对幼儿的兴趣进行反思。教师应通过观察反复思考幼儿的兴趣点在哪里,要反思如何将教育内容融入幼儿的兴趣以及如何培养或者激发幼儿的兴趣。

2. 对幼儿发展水平的反思

幼儿教育要面向全体幼儿,又要兼顾幼儿的个体差异,这是每一位幼儿教师所熟知的理论,但是在实际的教育教学中,幼儿教师又容易采取一样的标准去衡量所有的幼儿,要求每一个幼儿都掌握相同的知识。所以,幼儿教师对幼儿的发展水平进行反思,应该考虑到不同幼儿的发展水平不同,应当思考如何让发展水平较高的幼儿向更高水平前进;而对于那些发展水平较低、学习有困难的幼儿,就要反思如何适当降低要求和难度,努力达到基本要求。①

3. 对幼儿行为表现的反思

通过对幼儿行为表现的分析,可以帮助我们更加了解幼儿,促进幼儿的发展,因此,幼儿教师应当对幼儿的行为表现进行反思。教师要在观察幼儿表现的基础上,不断地去探寻幼儿行为背后所隐藏的内涵。

---

① 杨香香．幼儿教师专业发展[M]．长春:东北师范大学出版社,2014.

【案例分享】

压花器的妙用

为了装饰主题墙的边框，赵老师购买了几个压花器，有雪花和各种小花图案的，先用彩纸剪出一样宽的长条，再用压花器在相同的间隔距离位置压出花纹来装饰主题墙的边框，既简单又好看。

一天区域活动的时间，我看到美工区的思语和清茹悄悄地把双手放在桌子下面，一会儿抬头看看然后又低头看一下手，拿出什么东西放在桌子上，不知道在做什么，我好奇地走过去想要一看究竟。她俩看到我吓一跳！在我的要求下把手拿出来胆怯地看着我，我发现她俩每人手上拿着一个压花器，藏在桌子下面压花，压好一朵花拿出来放在桌面的画纸上，每人都压了好几朵花。因为压花器是放在教师使用材料类中，没有投放在美工区，她们很想玩儿就悄悄地拿了两个，想压出花来贴在画纸上。为了培养幼儿的规则意识和良好的行为习惯，我说：没有投放到区域的物品不能动，喜欢什么可以先和老师说，能给到你们玩儿的东西老师是会给你们玩儿的。我看着她俩胆怯的眼神问："你们喜欢用这个压花器压花吗?"她俩使劲点着头说："喜欢!"我就把所有的压花器取出来，再找出卡纸、彩纸等适合压花器使用的材料放到一个框里投放到美工区，孩子们喜欢极了，每个人都高兴地选择了一个压花器，找到自己喜欢的彩纸压起来。

此后，有更多孩子喜欢选择美工区里的压花器制作，如曾彦选择先压出许多"雪花"添画出一幅雪景画；女孩儿们则更喜欢压出许多花粘贴后添画一幅幅繁花似锦的春天或春游的景象等等；后来我们班又流行起了"雪花钻戒"，先压出雪花图案，再用黏土搓出戒指，再把雪花图用双面胶粘贴在戒指圈上就做成了"钻戒"，当成礼物相互赠送，每次活动孩子们脸上都洋溢着快乐的笑容。

当孩子做了"错事"，教师不应该一味斥责，而是一定要先了解孩子的想法，尽力支持孩子实现愿望，促进孩子成长。

(三)关于教育目的的反思

幼儿园按照不同的标准划分为不同的教育目的，其中有学年目标、学期目标、月目标、周目标、具体活动目标,这样幼儿教师的反思既要从整体的教育目的的实现情况入手,又包括当下的具体活动目标是否完成。

1. 对整体教育目的的反思

(1)反思教育目标是否关注了幼儿学习和发展的整体性

幼儿的发展包括知、情、意、行等各个方面的发展,是一个整体的发展。因此,我们要反思教育目标是否注重了领域之间的相互整合,是否注重了三维目标之间的渗透,是否促进了幼儿身心全面协调发展。

(2)反思教育目标是否注重培养幼儿的学习品质

幼儿教育的最终目的是幼儿在活动过程中表现出的积极态度和良好行为倾向,单纯追求知识技能的学习是有害的,所以我们要反思教育目标是否注重了幼儿学习品质的培养,是否有助于幼儿养成敢于探究和尝试的良好学习品质。

(3)反思教育目标是否能够尊重幼儿的个体差异

幼儿教师的教育对象是看似相同又各不相同的众多幼儿,每个幼儿都在沿着相似的进程发展,又有着各自不同的发展速度和水平。因此,要反思我们的教育目标是否尊重了幼儿的个体差异,是否能够为不同发展水平的幼儿提供相适应的期望和要求。

2. 对具体活动目标的反思

对具体活动目标的反思可以从活动目标的制订和实现情况两个方面进行。活动前,应首先反思自己制订的教育目的是否合理,是否符合《纲要》《指南》的要求,是否适合本班实际情况等。活动后,幼儿教师首先对教育活动有一个整体的评价,主要是以活动目标是否实现及实现情况来衡量的,如果实现得不好,那是什么原因导致的? 我应该怎么做? 又应该如何调整目标?

(四)关于教育手段的反思

教育手段是指教育者为了实现教育目的,将教育内容作用于受教育者所采取的具体方式方法,具体来说,教育手段包括教育材料和教育方法。

1. 关于教育材料的反思

材料是幼儿学习和探究的中介,教育目标和内容必须通过一定的教育材料才能体现出来,所以教师也必须对教育材料进行反思。对材料的反思主要集中在材料的提供和操作的引导两个方面。

(1)在材料的提供方面

在材料的提供上要注意反思自己提供的教育材料是否丰富,是否多样化,是否创设了与教育目标相符的环境。在幼儿园教育中,还可能会运用到幼儿园周围的资源,比如家庭和社区资源,所以还应考虑如何合理运用这些外部资源,是否足以实现教育目标,是否能够引起幼儿的兴趣,是否能够根据幼儿不同的发展水平满足不同幼儿的需要。

(2)在操作的引导方面

材料提供之后,教师的任务并没有结束,甚至说只是刚开始,教师一个非常重要的任务就是要随时关注幼儿对材料的使用情况并对其操作进行必要的引导,所以教师对于材料的反思还应包括幼儿对于材料态度有什么变化,幼儿在操作时出现了什么问题,自己应该采取什么样的措施介入指导,自己在运用的时候存在哪些缺陷和不足,以后应如何做到更好等。

【案例分享】

猜颜色

这天我在益智区新投放了猜颜色的玩具:在一个木盘子上有九个洞,有九个盖子下面分别是红黄蓝绿几个颜色并盖住洞口,两个幼儿通过掷骰子的方式,谁点大就由谁指定一个盖子并猜出是什么颜色,游戏可以反复进行。恩宇和佳悦选择了这个新游戏。游戏进行了十五分钟的时候,我过来观察他们玩儿新游戏的成果,但是我发现两个幼儿已经不想玩儿了,对新游戏已经没有兴趣了,因为猜中率比较低,没有体验到成功感,恩宇问我:“老师什么时候结束?我们不想玩儿了。”我看看时间还早,就要求加入他们一起玩儿游戏,他两立马高兴起来,我说:“谁猜中的多就是大赢家,可以对输家刮鼻子,赢了几个就刮几个鼻子。”他俩一听更高兴了,我在盖盖子时故意边放边念出颜色:“这个是红色、这个是绿色……”他们马上知道想要猜中颜色的关键是在放盖子的时候就要记住哪个位置的盖子是什么颜色,这样才能快速准确地猜出颜色,他俩也赶紧记盖子的颜色和位置,很快就摆好了,因为他们已经记住了几个盖子的颜色,成功率高了所以兴趣也提高了许多,都希望自己掷骰子的点数高,可以赢得比赛。第一次和第二次都是恩宇点数最高,猜出了两个盖子颜色而得意洋洋,佳悦心急了第三次终于得到机会也猜出一个。第一轮结束时,恩宇猜到五个、佳悦猜到三个、我猜中一个,恩宇骄傲地在我们每人鼻子上刮了五次。游戏就这样紧张而愉快的反复进行着,不知不觉区域游戏结束的音乐响起,我们恋恋不舍地收起玩具结束了游戏。

这个玩具本身的设计是好的,游戏的目的主要是培养幼儿的记忆力和专注力,但是由于幼儿游戏的方式太单一,玩儿几次就没有兴趣了,这时教师就要起到支持和引导的作用,我通过改变游戏规则和加入竞争意识,提高幼儿游戏的兴趣,达到锻炼幼儿的记忆力和专注力的目的。

2. 关于教育方法的反思

教育方法直接影响着教育目的的实现,教师对于教育方法的反思也是非常必要的。幼儿教师应该反思自己在什么情况选用什么样的教育方法,选用的教育方法是否适合教育目标和教育内容,自己对于教育方法的运用是否注重了对幼儿的引导,是否尊重幼儿的年龄特点和发展差异,是否激发了幼儿的兴趣。教育方法多种多样,在综合运用多种方法时,是否考虑到了各种方法的优劣长短。

【案例分享】

李兴的大恐龙

大班部结合环保活动开展环保时装秀比赛,李兴全家总动员用大纸盒做了一件恐龙装,是绿色的剑龙,大大的嘴巴、长长的尾巴和身上的刺使恐龙形象逼真、有气势而深受男孩喜爱。李兴常常在自由活动时间钻进恐龙里玩恐龙追人游戏,男孩子特别喜欢和他一起玩儿,他还让小朋友轮流钻进恐龙里。一天自由活动时间李兴特别生气,双手攥着拳头气呼呼地来找我说:“滕老师!滕老师!小宝把恐龙身上的刺都掰断了两根!我是很生气很生气的!但是我还是没有打他。”我一把抱他在怀里表扬了他:“太棒了！你终于能管住自己没有打人。恐龙坏了可以修,但是如果你打了小朋友,以后他们又不敢和你玩儿,你又会变得没有朋友的。”我和他一起去看恐龙,发现背上的刺有些倒了,其中两片断了一半。我说:“这能修好。”他赶紧找了双面胶来粘,粘了几条还是效果不好,我建议用封口胶。他赶忙让思怡去找封口胶,又组织几个小朋友帮忙,小宝也是怀着愧疚之心积极参与恐龙的修复工作中,他们很细心地把恐龙刺粘好才满意地玩儿去了,李兴也是最后检验确实修复完整并收好才罢手。

李兴在我们班个子最壮,力气很大,有一次他和我玩儿时一拳打在我身上,我痛得受不了,才真实理解为什么小朋友每次被他打都会痛得要哭上好一会！他看我痛得弯下腰也着急了,连声对我说:“对不起,对不起,我不是故意的。”我歇了一会严肃地对他说:“你手劲太大了,痛得老师都受不了,你千万不能再打小朋友了,如果你把他们打伤就得送医院,你父母还要付医药费,甚至还会惊动警察叔叔。”也许是我痛苦的表情和这番话起了作用,在随后几天就没有发生上述事件,我为李兴的进步由衷感到高兴,为我一直以来的坚持和努力有了结果而感到欣慰。

(五)关于教育内容的反思

教育内容是教育者根据教育目的,经过筛选和加工作用于受教育者,以完成教育目的的素材和信息。幼儿教师应该反思教育内容是否适合幼儿的发展。

1. 教育内容是否具有趣味性

趣味性必须是针对幼儿来说的,不能以成人的眼光判断,只有幼儿觉得有趣,幼儿才有可能积极参与,这就要求教师平日要多观察幼儿的兴趣所在,并且据此来选择教育内容。

2. 教育内容是否具有发展性

第一,幼儿教育是为了促进孩子更好的发展,教学反思教育内容的选择是否在幼儿的最近发展区之内。

第二,教师要审视所选内容是否有利于幼儿社会性、身体、情感和认知等方面的全面发展。

第三,教师要反思教育内容是否满足幼儿的现实需要,同时能为幼儿的长期发展奠定基础。

3. 教育内容是否贴近幼儿的实际生活

我们要把幼儿教育内容与幼儿的日常生活、感性经验相结合。教师要反思教育内容是否来源于生活,教育内容的呈现形式是否生活化,教育内容是否能够为幼儿的生活服务。

二、教学反思的意义

(一)教学反思有利于激发教师的自我专业发展意识

教学反思能够使教师对自己的专业发展过程时刻保持清醒的认识,这种认识又反过来刺激教师的专业发展。教师针对自己的教育活动,对自己的每一个教育行为、判断、教育结果以及行为背后隐含的观念等进行自我审视、自我分析、自我反思,在这个分析与反思的过程中,对自己的专业发展水平有了较为准确的了解,及时发现自我发展中的不足,拓宽专业视野,激发不断追求的动机,增加教师的理性自主。

通过教学反思,教师能够有意识地认识到自己究竟进行了哪些教育活动,这些教育活动有什么不妥之处,又造成了什么样的后果,以及以后引导这些活动的信念应该是什么,也就是说通过教学反思,教师专业发展过程中的各个要素才能从教师忙碌的工作中分离出来,使教师对自己的实践行为和信念有更多的自我意识。

(二)教学反思有助于提升教师的实践性知识

实践性知识是通过教师对自身教学实践的反思获得,是教师专业发展的重要标志。教师在教育教学中积累了大量的实践经验,没有反思的经验是狭隘的经验。教师只有通过反思,才能分析总结自己的教学经验,并将其上升为理性认识,形成实践性知识。通过反思可以使幼儿教师将理论与实践、思想与行动联系起来,在总结实践的基础上不断完善自己的知识体系,实现理论知识和实践性知识的融合,从而促使经验型幼儿教师向反思型幼儿教师的转化。教学反思中的"反思",在某种意义上说,就是使现有教学中的感性认识上升到理性认识的重要条件。

第三节　教学反思的方法

教学反思的方法很多，下面仅对常用的几种进行简要阐述。

一、反思笔记

反思笔记是幼儿园教学反思最为普遍常用的方法，很多幼儿园也要求教师定期撰写反思笔记，以期通过反思笔记提升教师的反思能力，促进教师专业成长。有研究表明，教师在撰写反思日记的过程中能够积累大量的素材，借以增强反思意识，从而提高了教师的教学能力和理论水平。

（一）反思笔记中的常见问题

幼儿园教师在撰写反思笔记时经常会出现一些问题，概括来说，这些问题主要包括以下几方面：

1. 形式化

由于幼儿园教师职业特点以及个人因素等，很多教师将反思看成是额外的负担，是一项不得不应付完成的任务，再加上幼儿园对教学反思的质量并没有严格的监督，导致教师只忙于应付反思的数量，而并不注重反思的质量，这就使得反思流于形式，价值没有得到应有的实现。

2. 套路化

在搜集的诸多的反思日记里发现，教师的反思内容多是以某种模式呈现的。很多教学反思是"这节课整体上孩子们基本完成了教学目标，但是个别幼儿表现不是很好……"这种类似于模式化的范式呈现。一篇反思是这样写，多篇反思还是这样写，千篇一律，没有任何新意和特色，而这种套路化的反思也容易将教师囿于原地，没有任何收获和进步。

3. 流水式

很多教师并没有意识到反思的价值,或者根本就不知道该如何反思,所以在撰写反思笔记时,往往呈现的是"流水账"式的反思。多是将教育教学过程情景再现"我先做了什么,然后做什么,最后怎么样了",或者是记录一日基本的、常规的活动先后顺序,而对于过程中出现的问题、自己怎样解决的、应该怎么解决等实质性的问题描写甚少,或者是报喜不报忧,这样的反思总给人一种平淡的感觉。

4. 检讨式

与流水式的反思相反的一种反思是检讨式的,把教学反思写成了检讨式材料。教学反思确实是教师对自己的教育活动的一种批判性思考,但是这种检讨式的反思已经变成了单纯的检讨,通篇都是各种原因的介绍,但对于为什么会出现这些,应该怎样去解决问题等都没有分析。这种检讨式的反思从某种程度上来说是痛苦的自我否定过程,对于促进教师专业成长是没有任何意义的。

(二)反思笔记的撰写策略

1. 在细微情景中发现问题

教师可以从教育活动的情景再现入手,可以是教学活动开始准备时对活动中可能出现的状况和可能的结果的各种犹豫和猜想,可以是师幼互动过程中针对幼儿的各种反应自己如何应对,也可以是自己在与其他教师、专家或者书籍的交流对话中思想的碰撞和疑问等,这些信息经过教师的推敲,都可以成为撰写反思日记的素材。

2. 在思考交流中答疑解难

当问题发现之后,我们就应该致力于如何答疑解难。针对这些问题,找到解疑的方法才是反思笔记的核心所在。教师可以沿着"幼儿行为—教师行为—教师理念"的思路进行探究式分析,即回忆幼儿为什么会出现这种情况,在事件发生时教师是怎样想的,教师为什么要采取这样或那样的教育措施,教师应该采用什么样的教育措施。

3. 在延伸行动中实践检验

反思的最终目的在于支配今后的行为，所以即便是教师思考了千百遍却没有付诸实践去检验，反思也是徒劳的。教师可以利用“情景再现—反思—实践检验—再反思”的方式使自己今后的行动更加理性化。教师应该在“再出现这样的问题时”，切实将自己之前反思的策略付诸实践，然后通过对实际教育效果的再观察，再次分析采取的解决措施是否合理得当，从而进入循环式的反思圈，增强自我发展意识和自主发展的能力。

二、教师成长档案袋

（一）教师成长档案袋的框架

1. 基本信息

教师成长档案袋首先呈现的是教师的基本信息。教师个人的基本信息与其专业成长不仅能够使人一目了然地了解教师的基本情况，也可以从其基本信息中预测其专业成长的发展态势。

2. 具体版块

教师在职业生活中主要扮演教育者、学习者、评价者、管理者四种角色。可以根据这四种角色来制订教师成长档案袋的内容框架。

(1)教育者

教师作为教育者，成长档案袋设计为教育教学版块，其资料可以分为教学相关资料和教学成果展示。

①教学相关资料包括优秀的教学活动设计、精彩的教学活动录像视频、说课稿、教学反思、环境创设或区域材料的图文介绍。

②教学成果包括幼儿的进步和成功记录、幼儿整体学习的状况、在教学策略方面的新尝试、荣誉证书、表扬信和表现性作品等。

(2)学习者

教师作为学习者，成长档案袋设计为个人学习板块，其资料可以分为日常学习和科研学习。

①日常学习包括读书生活、参与的进修或培训活动、从同伴或管理者或专家那里获得的经验、随笔或杂记、参观考察记录或总结、个人认证考核等。

②科研学习包括参与或申请的课题及成果、园本课程资源开发、发表的论文或编撰的著作、发现并研究的教学问题、个人的教育教学理论等。

(3)评价者

教师作为评价者,成长档案袋设计为自评与他评板块,其资料也相应地分为自评与他评两部分,包括阶段工作的自我评价、对幼儿园管理工作的评价、同行评价、家长和社会的评价、管理者的评价。

(4)管理者

教师作为管理者,成长档案袋设计为日常管理板块,其资料可以分为常规工作管理和幼儿管理。包括对班级的管理(班主任工作计划、班主任工作小结)、对教研组的管理(教研组组长的工作计划、教研专题的设计、教研组长的工作小结)、对幼儿的个别管理教育(一些生动有趣的幼儿故事,教师对某个幼儿持续的观察记录,需要反馈给家长的幼儿成长记录等)。

(二)教师成长档案袋的价值

1. 有助于教师见证自己的成长历程

教师成长档案袋包含着丰富的教育教学资料,展示着他们的成果、经历和梦想,记录着教师在专业成长过程中的收获、体验和感悟。教师通过经历、回忆自己一个又一个的故事,从一个旁观者的视角去分析自己的成长历程,既可以将自己的发展与过去作纵向比较,又可以参照其他教师作横向比较。可以看出,通过成长档案袋,教师可以见证自己专业成长的历程,看到自己的成长和进步,从而使教师体会到自己工作的意义和价值。

2. 有助于教师唤醒主体意识,提高反思能力

教师成长档案袋既是一种成长记录,又是一种激励手段。它记录教

师工作、生活、学习、成长的足迹，引导教师制订自我发展规划，为教师的反思、交流积累材料。教师在整理和检视成长档案的过程中，重新审视和思考自己各种行为的得失之处，有利于教师把教学理论与实践有机地结合起来。教师成长档案袋就像一面镜子，是对教师“自我”的一种真实反映。教师成长档案袋的建设过程其实就是一个反思学习、表现学习的过程。

（三）教师成长档案袋在利用过程中需要注意的问题

我们在制订和利用教师成长档案袋的过程中，还应注意几个问题：

第一，教师成长档案袋的板块划分并不是绝对的，并且其材料可能会同时涉及几个板块，在投放材料时要考虑其侧重点。

第二，教师成长档案袋中的内容并不是简单地将所有材料尽收囊中，其内容的选择是有针对性的，必须挑选具有意义的材料。

第三，教师成长档案袋并没有固定的模式，以上只是给出一个参考，还需要幼儿园和教师根据实际教育教学的需要不断完善和调整。

第四，教师成长档案袋需要投入一定的时间、精力、财力等，对于幼儿教师来说这是一个不小的挑战，这需要幼儿园和教师都提供时间和精力来完善。

第五，教师成长档案袋既可以作为促进教学反思和专业成长的横向途径，也可以作为教师个体审视自身发展的纵向向导。

参考文献

[1]杨香香.幼儿教师专业发展[M].长春:东北师范大学出版社,2014.

[2]刘启艳,瓦韵青.幼儿教师专业能力发展策论[M].北京:中国财富出版社,2016.

[3]陈姝娟.幼儿教师专业发展:专题与案例[M].广州:广东高等教育出版社,2014.

[4]张典兵,王作亮.教师专业发展[M].徐州:中国矿业大学出版社,2017.

[5]晏红.园本培训促进幼儿教师专业发展[M].北京:中国轻工业出版社,2015.

[6]吴振东.幼儿教师学习与专业发展[M].合肥:安徽少年儿童出版社,2010.

[7]赵昌木.教师专业发展[M].济南:山东人民出版社,2011.

[8]任英杰.知识管理视阈下的教师专业发展[M].沈阳:东北大学出版社,2009.

[9]郭平,熊艳.教师专业发展概论[M].成都:西南交通大学出版社,2017.

[10]胡惠闵,王建军.教师专业发展[M].上海:华东师范大学出版社,2014.

[11]赵多山.教师专业素养的修炼[M].北京:光明日报出版社,2015.

[12]王德清.教学艺术论[M].成都:四川大学出版社,2010.

[13]王彦才,郭翠菊.现代教师教学技能[M].北京:北京师范大学出版社,2010.

[14]李朝辉.教学论(第2版)[M].北京:清华大学出版社,2016.

[15]代蕊华.教师专业发展与校本培训[M].北京:教育科学出版社,2011.

[16]单中惠.教师专业发展的国际比较[M].北京:教育科学出版社,2010.

[17]何兰芝,韩宏莉.教师专业发展与成长规划[M].北京:北京师范大学出版社,2017.

[18]刘维俭,王传金.教师职前教育实践概论[M].南京:南京师范大学出版社,2006.

[19]刘兴富,刘芳.教师专业化发展的理论与实践[M].北京:光明日报出版社,2009.

[20]杨跃.教师教育学[M].北京:北京师范大学出版社,2016.

[21]叶立群.师范教育学[M].福州:福建教育出版社,2013.

[22]余文森.教师专业发展[M].福州:福建教育出版社,2007.

[23]张宁.高校教师专业发展论[M].长春:吉林大学出版社,2012.

[24]张燕镜.师范教育学(第二版)[M].福州:福建教育出版社,2013.

[25]袁运平,刘兴春.新世纪教师专业化发展[M].北京:中国档案出版社,2006.

[26]张志泉.反思型教师专业发展[M].南京:南京大学出版社,2016.

[27]周光明,李远蓉,黄梅.新教师教育课程体系建构[M].北京:科学出版社,2014.

[28]朱旭东.中国现代教师教育体系构建研究[M].北京:北京师范大学出版社,2014.

[29]周洪宇.教师教育论[M].北京:北京师范大学出版社,2010.